人工智能与
人类未来丛书

精通DeepSeek
DeepSeek全场景应用一本通

崔文竹 宁延杰 著

北京大学出版社
PEKING UNIVERSITY PRESS

内 容 简 介

本书是一本全面介绍DeepSeek及其在各行业中应用的实用指南。随着AI技术的快速发展，DeepSeek作为一款高效、多模态的AI工具，已经在金融、文化创意、软件服务、教育、制造业等多个领域展现出强大的应用潜力。本书从零基础出发，逐步引导读者从初学者成长为行业应用高手，特别适合希望通过DeepSeek提升工作效率和职业技能的读者。

本书内容广泛，从DeepSeek的基础认识、使用方法与技巧，到各行业的实战应用，逐步深入。第1章全面介绍DeepSeek的前世今生、核心优势及功能；第2章详细讲解DeepSeek的使用方法与技巧，包括注册、对话页面、对话流程、深度思考模式、联网搜索模式等；第3～5章分别从学习、写作、办公中的多个场景展开，帮助读者掌握DeepSeek在不同领域的应用；第6～7章则深入探讨DeepSeek的部署、知识库构建及跨平台组合应用，助力读者实现从入门到精通的跨越。

本书是各行业人员提升职业技能、实现智能化办公的必备指导书，结合丰富的实战案例，确保内容的实用性和可操作性。无论是职场新人、技术开发者，还是企业管理者，都能从本书中获得宝贵的知识和技能，快速掌握DeepSeek的应用精髓。

图书在版编目（CIP）数据

精通DeepSeek：DeepSeek全场景应用一本通／崔文竹，宁延杰著. —— 北京：北京大学出版社，2025.9.
ISBN 978-7-301-36552-6

Ⅰ. TP18

中国国家版本馆CIP数据核字第20258KA456号

书　　　名	精通DeepSeek：DeepSeek全场景应用一本通 JINGTONG DeepSeek：DeepSeek QUANCHANGJING YINGYONG YIBENTONG
著作责任者	崔文竹　宁延杰　著
责 任 编 辑	刘　云　刘羽昭
标 准 书 号	ISBN 978-7-301-36552-6
出 版 发 行	北京大学出版社
地　　　址	北京市海淀区成府路205号　100871
网　　　址	http://www.pup.cn　新浪微博：@北京大学出版社
电 子 信 箱	编辑部 pup7@pup.cn　总编室 zpup@pup.cn
电　　　话	邮购部 010-62752015　发行部 010-62750672　编辑部 010-62570390
印 刷 者	大厂回族自治县彩虹印刷有限公司
经 销 者	新华书店
	880毫米×1230毫米　32开本　9.5印张　201千字 2025年9月第1版　2025年9月第1次印刷
印　　　数	1-4000册
定　　　价	69.00元

未经许可，不得以任何方式复制或抄袭本书之部分或全部内容。
版权所有，侵权必究
举报电话：010-62752024　电子信箱：fd@pup.pku.edu.cn
图书如有印装质量问题，请与出版部联系。电话：010-62756370

◆ 夯实智能基石，共筑人类未来

人工智能正在改变当今世界。

从量子计算到基因编辑，从智慧城市到数字外交，人工智能不仅重塑着产业形态，还改变着人类文明的认知范式。在这场智能革命中，我们既要有仰望星空的战略眼光，又要具备脚踏实地的理论根基。北京大学出版社策划的"人工智能与人类未来丛书"，恰如及时春雨，无论是从理论还是实践方面，都对这次社会变革有着深远影响。

在理论维度，本套丛书最鲜明的特色在于其能"追本溯源"。当业界普遍沉迷于模型调参的即时效益时，《人工智能大模型数学基础》等著作系统梳理了线性代数、概率统计、微积分等人工智能相关的计算脉络，将卷积核的本质解构为张量空间变换，将损失函数还原为变分法的最优控制原理……这种将技术现象回归数学本质的阐释方式，不仅能让读者的认知框架更完整，还为未来的创新突破提供了可能。

书中独创的"数学考古学"视角，能够带读者重走高斯、牛顿等先贤的思维轨迹，在微分流形中理解 Transformer 模型架构，在泛函空间里参悟大模型的涌现规律。

在实践维度，该丛书开创了"代码即理论"的创作范式。《人工智能大模型：动手训练大模型基础》等实战手册摒弃了概念堆砌，直接使用 PyTorch 框架下的 150 余个代码实例，将反向传播算法具象化为矩阵导数运算，使注意力机制可视化作概率图模型。在《DeepSeek 源码深度解析》中，作者团队细致剖析了国产大模型的核心架构设计，从分布式训练中的参数同步策略，到混合专家系统的动态路由机制,每个技术细节都配有工业级代码实现。这种"庖丁解牛"式的技术解密,使读者既能把握技术全貌,又能掌握关键模块的实现精髓。

该丛书着眼于中国乃至全世界人类的未来。当全球算力竞赛进入白热化阶段,《Python 大模型优化策略:理论与实践》系统梳理了模型压缩、量化训练、稀疏计算等关键技术,为突破"算力围墙"提供了方法论支撑。《DeepSeek 图解:大模型是怎样构建的》则使用大量的三维可视化图表,将万亿参数模型的训练过程转化为可理解的动力学系统,这种知识传播方式极大地降低了技术准入门槛。

这些创新不仅呼应了"十四五"规划中关于人工智能底层技术突破的战略部署,还为构建自主可控的技术生态提供了人才储备。

作为人工智能发展的见证者和参与者,笔者非常高兴地看到该丛书的三重突破:在学术层面构建了贯通数学基础与技术前沿的知识体系;在产业层面铺设了从理论创新到工程实践的转化桥梁;在战略层面响应了新时代科技自立自强的国家需求。它既可作为高校培养复合型人工智能人才的立体化教材,又可成为产业界克服 AI 技术瓶颈的参考宝典,此外,还可成为现代公民了解人工智能的必要书目。

站在智能时代的关键路口,我们比任何时候都更需要这种兼具理论深度与实践智慧的启蒙之作。愿该丛书能点燃更多探索者的智慧火花,共同绘制人工智能赋能人类文明的美好蓝图。

于剑

北京交通大学人工智能研究院院长

交通数据分析与挖掘北京市重点实验室主任

中国人工智能学会副秘书长兼常务理事

中国计算机学会人工智能与模式识别专委会荣誉主任

前 言

在人工智能（Artificial Intelligence，AI）技术迅猛发展的今天，DeepSeek 作为一款高效、多模态的 AI 工具，已经在金融、文化创意、软件开发、教育、工业制造等多个领域展现出强大的应用潜力。无论是企业管理者、技术开发者，还是普通职场人士，DeepSeek 都能为其提供智能化的工作解决方案。本书旨在帮助读者从零基础出发，逐步掌握 DeepSeek 的核心功能与应用技巧，最终成为行业应用高手。无论你是 AI 初学者，还是希望进一步提升职业技能的 AI 使用者，本书都将为你提供一条从入门到精通的清晰路径。

本书内容以实用性和可操作性为核心，特别适合零基础读者学习。本书从 DeepSeek 的基础认识入手，逐步深入到高级功能的使用技巧，以及跨平台应用，涵盖了学习、写作、办公等多个应用场景，每个知识点都配有详细的实战操作步骤，帮助读者边学边练，快速上手。通过丰富的实战案例，读者不仅能够掌握 DeepSeek 的基本操作，还能灵活运用其功能解决实际问题，提升工作效率和创造力。

本书由行业一线资深专家编写，作者团队拥有多年的 AI 应用和培训经验，结合丰富的实战案例，确保内容的实用性和可操作性。无论是职场新人、技术开发者，还是企业管理者，都能从本书中获得宝贵的知识和技能，快速掌握 DeepSeek 的应用精髓。本书不仅是各行业人员提升 AI 技能的入门必备指导书，更是实现智能化办公的实用工具书。希望通过阅读本书，读者能够在 AI 时代中脱颖而出，轻松应对各种工作挑战，享受 AI 带来的便利。

崔文竹

2025 年 1 月

扫码或搜索关注微信公众号"AI 共进社",发送"001"即可领取 DeepSeek 的 100+ 份学习资料,期待与您共赴 AI 之旅!

第1章

全面认识 DeepSeek　001

1.1　DeepSeek 的前世今生　002

1.2　DeepSeek 的优点　003

1.3　DeepSeek 能做些什么　005

1.4　DeepSeek 在行业中的应用　006

　　1.4.1　金融领域——智能决策的范式重构　007

　　1.4.2　文化与创意——人机共创的美学革命　008

　　1.4.3　软件服务行业——软件创新的加速器　012

　　1.4.4　教育与培训——教育创新的范式重构　013

　　1.4.5　工业与制造业——智能制造的范式重构　015

　　1.4.6　政务系统接入 DeepSeek——"AI 公务员"提升办公效率　017

第2章

DeepSeek 的使用方法与技巧　020

2.1　注册属于自己的 DeepSeek 账号　021

2.2 DeepSeek 对话页面功能介绍　024

2.3 与 DeepSeek 进行对话的基本流程　025

2.4 深度思考模式　030

2.5 联网搜索模式　036

2.6 DeepSeek 的指令　038
  2.6.1 零样本提示词　038
  2.6.2 让 AI "说人话"　040
  2.6.3 提问技巧和模板　046
  2.6.4 提问万能公式　054
  2.6.5 有效提问的十大技巧　057
  2.6.6 DeepSeek 常用基础指令　062
  2.6.7 优化生成结果　065

第 3 章

DeepSeek 高效学习　068

3.1 学习小助手——学习路上的贴心伙伴　069
  3.1.1 读文献——轻松啃下"硬骨头"　069
  3.1.2 读书——书籍海洋的领航员　072
  3.1.3 学习英语单词——单词记忆不再难　076
  3.1.4 英汉互译——跨语言交流无障碍　078
  3.1.5 知识预习——提前踏入知识殿堂　088
  3.1.6 生成复习内容——复习重点全掌握　091
  3.1.7 制订学习计划——学习之路有规划　096

3.2 考试与作业——学业难题不再怕　099
  3.2.1 作业辅导与检查——作业小帮手　099
  3.2.2 模拟考试——考前热身必备　104
  3.2.3 作业批改与反馈——改进提升有方向　110

第 4 章
DeepSeek 高效写作　114

4.1　基础写作技能——贯通思维与文字的通用密码　115
- 4.1.1　标题生成——点睛之笔抓眼球　115
- 4.1.2　文本续写——故事接龙不停歇　118
- 4.1.3　文本扩写——文字换新颜　122
- 4.1.4　文本改写——丰富细节更生动　129

4.2　求职招聘信息写作——连接人才与机遇的桥梁　132
- 4.2.1　撰写求职信——求职敲门砖更有力　133
- 4.2.2　根据招聘信息优化简历——简历匹配更精准　138
- 4.2.3　生成自我介绍——展现自我有亮点　140
- 4.2.4　生成招聘信息——招贤纳士有妙招　145

4.3　论文写作——研究成果的范式化表达　148
- 4.3.1　实习报告写作——实习成果完美呈现　148
- 4.3.2　撰写论文大纲——论文写作有蓝图　152

4.4　公文写作——高效行政文书的撰写技巧　154

4.5　宴会发言稿写作——让祝福更暖心　160

4.6　创意写作——想象力的奇妙之旅　165
- 4.6.1　诗词写作——挥毫泼墨展才情　165
- 4.6.2　剧本创作——打造专属故事舞台　170

第 5 章
DeepSeek 高效办公　175

5.1　职场效率小帮手——工作难题轻松破　176
- 5.1.1　撰写各类邮件——邮件写作不再愁　176
- 5.1.2　生成工作计划——工作安排有条不紊　179
- 5.1.3　生成日/周/月报——将成果清晰呈现　182
- 5.1.4　制定公司规章制度——规范管理有依据　185
- 5.1.5　生成调研报告——深入洞察有依据　187
- 5.1.6　写述职报告——职业发展有亮点　190

5.1.7　会议纪要生成——会议要点全记录　193

5.1.8　项目风险评估——风险预警早知道　196

5.1.9　生成PPT大纲——演示文稿有框架　201

5.1.10　绘制思维导图——知识架构一目了然　204

5.2　智能生成营销方案——营销创意一键出　209

5.2.1　小红书营销方案——种草攻略大公开　209

5.2.2　短视频带货脚本——流量变现有妙招　212

5.2.3　电销与面销话术——销售沟通更高效　213

5.2.4　朋友圈文案——社交营销有魅力　217

5.2.5　广告文案——吸睛广告轻松做　219

第6章

DeepSeek 的部署和知识库　222

6.1　DeepSeek部署基础　223

6.1.1　系统环境要求与准备　224

6.1.2　部署方式选择：本地 VS 云端　226

6.1.3　安装与配置流程　227

6.2　API构建知识库　233

6.2.1　认识Cherry Studio　233

6.2.2　构建知识库的方法与步骤　239

6.2.3　构建智能客服　246

第7章

DeepSeek 跨平台组合应用　249

7.1　企业级应用与云服务　250

7.1.1　钉钉AI助理　250

7.1.2　企业微信　252

7.1.3　WPS　254

7.1.4　飞书多维表格与DeepSeek　256

7.2　开发者与算力服务　260

7.2.1　国家超算互联网（算力合作）　260

7.2.2 英伟达（国际合作伙伴） 264

7.3 搜索工具 267

7.3.1 纳米 AI 搜索 267

7.3.2 微信 AI 搜索 269

7.3.3 百度搜索 271

7.3.4 秘塔 AI 搜索 273

7.4 DeepSeek+ 的王炸组合 275

7.4.1 DeepSeek + Kimi= 秒做 PPT 275

7.4.2 DeepSeek + 即梦 = 秒出视频 281

7.4.3 DeepSeek + 可灵 = 批量图片生成 284

7.4.4 DeepSeek + CodeFlying= 自动生成 288

第 1 章 全面认识 DeepSeek

本章的主要内容

- ◆ DeepSeek 的前世今生
- ◆ DeepSeek 的优点
- ◆ DeepSeek 能做些什么
- ◆ DeepSeek 在行业中的应用

在 AI 技术迅猛发展的当下，DeepSeek 以其创新实力引起了业界的广泛关注。作为行业新锐，DeepSeek 的快速发展已对全球科技格局产生显著影响，其技术突破甚至令部分科技巨头感受到竞争压力。

1.1 DeepSeek的前世今生

1. DeepSeek的名称由来

DeepSeek 的中文名称为"深度求索"，是由杭州深度求索人工智能基础技术研究有限公司精心打造的一款 AI 模型。其英文名称"DeepSeek"由"深度"（Deep）与"探索"（Seek）组合而成，体现了该模型基于深度学习技术不断探索人工智能前沿领域的设计理念，这也代表了其核心技术特征。

简单来讲，DeepSeek 的终极目标是赋予机器像人类一样思考和学习的能力，让它们不再局限于执行简单指令，而是能够在解决复杂问题时，展现出媲美人类的智慧。DeepSeek 的核心是一个强大的语言模型，具备理解自然语言并生成高质量文本内容的卓越能力。无论是解答疑难问题、撰写精彩文章，还是进行复杂的逻辑推理，DeepSeek 都能应对自如。

2. DeepSeek的发展历程

DeepSeek 的发展历程充满了创新与突破，可以分为以下几个重要阶段。

（1）2023 年 7 月 17 日，DeepSeek 由幻方量化正式成立。

（2）2023 年 11 月 2 日，DeepSeek 发布了首个开源代码大模型 DeepSeek-Coder，该模型支持多种编程语言的代码生成、调试和数据分析任务。

（3）2024 年 1 月 20 日，DeepSeek 发布了推理模型 DeepSeek-R1 正式版，该模型在数学、代码、自然语言推理等任务上，性能与 OpenAI 的 o1 正式版相当，但训练成本仅为 o1 模型的 3%～5%，约 560 万美元。

（4）2024年12月26日，DeepSeek发布了DeepSeek-V3模型，该模型基于自研的MoE（混合专家）架构，拥有6710亿参数，其中激活参数为370亿，在多项基准测试中表现出色。

3. DeepSeek与幻方的关系

DeepSeek并不是纯粹的初创型企业，它脱胎于幻方量化，两者之间关联密切。DeepSeek可视为幻方量化在AI前沿领域的"技术溢出"，两者同源但独立发展。DeepSeek是由幻方量化孵化并全资控股的AI公司，幻方量化在量化投资领域积累了丰富的经验和技术，为DeepSeek的发展提供了坚实的基础。

DeepSeek的快速发展得益于顶尖团队的技术基因、清晰的商业化路径，以及与行业巨头（如幻方量化）的生态协同。其在垂直领域的深耕和开源策略，正在重构中国AGI产业的竞争格局。

1.2 DeepSeek的优点

DeepSeek为什么能获得广泛关注，相比其他AI工具，它有哪些优点呢？下面我们进行探索。

1. 高效训练与推理

DeepSeek使用FP8混合精度技术加速训练过程，提高训练效率。该技术通过仅关注最相关的token来减少注意力计算的数量，从而降低计算开销，提高模型的泛化能力和鲁棒性。

2. 多模态与长上下文处理

（1）多模态交互。DeepSeek支持文本、代码、数学推理等多种模态的交互，能够处理复杂的多模态任务。

（2）长上下文窗口。DeepSeek 的上下文窗口扩展至 128k tokens 以上，能够有效处理长文档分析、代码生成等复杂任务。

3. 中英双语优化

DeepSeek 针对中文语法和语义进行了深度优化，能够更好地理解中文用户的需求。其英文能力对标国际顶尖模型，在权威评测中表现优异。

4. 深度思考功能

DeepSeek-R1 是一款高性能 AI 推理模型，其深度思考功能专注于提升模型在复杂任务场景下的推理能力。DeepSeek-R1 采用了长链推理技术，其思维链长度可达数万字，能通过多步骤的逻辑推理来解决复杂问题；其思考过程模拟人类大脑的思考模式，生成的内容更能满足真实的场景需求，在同类模型中具有竞争优势。

5. 免费开源

DeepSeek 发布了多个开源模型，如 DeepSeek-R1 和 DeepSeek-V3，为学术研究和工业应用提供了重要支持。同时，DeepSeek 推出了 DeepSeek-LLM 推理加速框架，通过优化显存利用率和计算吞吐量，显著降低了企业级大模型应用的开发门槛，真正让大模型可以商业化落地，这是具有跨时代意义的突破。

6. 高性能低成本

DeepSeek 在性能和成本方面展现出显著优势。在生成质量方面，DeepSeek-V3 在多项评测中超越了 Qwen2.5-72B 和 Llama-3.1-405B 等开源模型，并与全球顶尖闭源模型（如 GPT-4o 和 Claude-3.5-Sonnet）表现相当。例如，DeepSeek-V3 在知识类任务（如 MMLU、MMLU-Pro、GPQA、SimpleQA）上的表现较前代模型 DeepSeek-V2.5 有显著提升，接近当前最优模型 Claude-3.5-Sonnet-1022；而在算法类代码任务（如 Codeforces）上，DeepSeek-V3 的表现远超市面上所有非 o1 类模型，并在工程类代码任务（如 SWE-BenchVerified）

上的表现接近 Claude-3.5-Sonnet-1022 的水平。

DeepSeek 大模型的训练成本不到 600 万美元，仅为同性能模型的 5%～10%。DeepSeek-V3 API 服务输入价格为 0.5 元/百万 tokens（缓存命中）和 2 元/百万 tokens（缓存未命中），输出价格为 8 元/百万 tokens，虽然相较 DeepSeek-V2 的 1 元/百万 tokens（输入）和 2 元/百万 tokens（输出）有所提升，但与 GPT、Claude 等模型相比仍具有明显的性价比优势。

1.3 DeepSeek能做些什么

DeepSeek 是一款多功能的 AI 工具，提供文本生成、辅助编程与代码处理、数据分析与挖掘等功能。它支持联网搜索和深度思考模式，并能够读取各类文件及图片中的文字内容，广泛应用于多个领域。

1. 文本生成

DeepSeek 的文本生成功能包括文本创作和文本摘要两大核心能力。在文本创作方面，它能够根据主题或提示生成高质量的文章、故事、新闻等内容，并能够灵活调整文本风格和语气，广泛应用于写作、营销文案创作及社交媒体内容生成。在文本摘要方面，DeepSeek 能够从长文本中自动提取核心内容并生成简洁摘要，帮助用户快速获取信息，如在新闻聚合平台上生成每日新闻简报，或在学术领域帮助研究人员高效筛选和理解长篇论文的主要内容和结论，显著提升信息处理效率。

2. 自动化办公与创意设计

DeepSeek 的自动生成文档内容、自动生成会议纪要等功能显著提升了办公效率，减少了烦琐的人工操作。在创意设计领域，DeepSeek 能够提供创作建议，辅助设计工作；在音乐创作方面，DeepSeek 能够自动生成简单的旋律与和弦，为音乐创作提供灵感与支持。

3. 辅助编程与代码处理

DeepSeek 在辅助编程与代码处理方面可以提供强大的支持，如根据需求生成代码片段（如 Python、JavaScript），并自动补全代码和生成注释，提升开发效率。在代码调试中，它能够分析错误并提供修复建议，同时给出性能优化提示，帮助开发者提升代码质量。此外，DeepSeek 还能自动生成 API 文档、代码库解释和示例，简化技术文档的编写过程，为开发者提供全面的编程辅助。

4. 智能客服

DeepSeek 的智能客服功能强大，不仅能实时自动回答用户的问题，有效减轻人工客服的工作负担并显著提升响应速度，而且支持复杂的多轮对话，为用户提供更加自然流畅的交互体验。

5. 数据分析与挖掘

DeepSeek 在数据分析与挖掘方面表现出色，它具备数据清洗功能，能够自动处理缺失值和异常值，显著提升数据质量。同时，它还能生成丰富的数据可视化图表，帮助用户直观理解数据特征和趋势。此外，基于历史数据，DeepSeek 还能进行准确的预测分析，为用户的决策提供有力支持。

6. 个性化推荐

DeepSeek 通过深入分析用户兴趣和行为，可以精准推送符合用户偏好的文章、视频等内容。同时，在电商领域，DeepSeek 能够智能分析用户购买习惯，推荐符合用户需求的商品，有效促进电商转化率的提升。

1.4 DeepSeek在行业中的应用

本节我们将深入探讨 DeepSeek 如何为各行业注入新的活力，推动智能化转型。随着 AI 技术的快速发展，DeepSeek 已成为众多行业的核心驱动力，在金融、软件服务、教育、医疗、工业制造、交通物流等领域，它通过深度学习和数据分析，优化业务流程、提升服务质量、激发创新灵感，并为行业决策提供有力支持。本章将通过具体案例，展示 DeepSeek 如何在不同行业中实现突破，助力企业把握智能化机遇，提升竞争力，为行业未来发展提供新的方向和思路。

1.4.1 金融领域——智能决策的范式重构

在金融领域，DeepSeek-R1 通过动态路由机制实现对海量金融数据的多维度解析，涵盖结构化交易数据、非结构化财报文本、实时新闻舆情等多模态信息。其开源特性支持金融机构快速构建私有化模型，结合联邦学习技术，在保障数据隐私的同时实现跨机构风险联防联控。DeepSeek-R1 在金融领域的关键技术突破如图 1-1 所示。

> **实时决策引擎：** 支持毫秒级响应股票异动、信贷违约等场景，较传统系统效率提升 80%
>
> **因果推理模块：** 通过反事实分析技术，识别市场波动的潜在驱动因素，降低"黑天鹅"事件误判率

图 1-1 DeepSeek-R1 在金融领域的关键技术突破

1. 自动化运营

DeepSeek 可以自动化处理大量重复性工作，如数据录入、报表生成、账户对账等，显著提升运营效率，减少人为错误。根据麦肯锡的研究，引入 DeepSeek 等 AI 工具可使银行运营效率提升 30% 以上。

2. 科学决策支持

DeepSeek 提供强大的数据分析和预测能力，帮助金融机构优化资源配置，降低风险。例如，通过对客户交易记录和风险偏好的分析，DeepSeek 可以推荐合适的理财产品或贷款方案。

3. 个性化服务

DeepSeek 能够根据客户的个性化需求和行为模式，提供定制化的服务方案。例如，中国邮政储蓄银行通过集成 DeepSeek，实现了精准识别用户需求并提供个性化服务。

4. 智能客服与交互

多家银行利用 DeepSeek 开发智能客服助手，提升客户体验。例如，北京银行通过 DeepSeek 实现了客服助手的智能化升级，显著提升了服务质量。

5. 风险管理

江苏银行通过部署 DeepSeek 构建智能合同质检系统，实现了合同的自动化处理。该系统能够快速扫描合同内容，自动找出条款中的风险点和错误，显著提高了合同质检的效率与准确性。

2025 年 2 月，DeepSeek 在金融领域掀起一股热潮，多家金融机构纷纷宣布接入或部署该模型。金融领域对 AI 技术的热情正在全面升温。

1.4.2 文化与创意——人机共创的美学革命

在文化与创意产业，DeepSeek-V3 通过多模态语义理解框架，实现对文本、图像、音视频的跨维度解析。其知识增强预训练技术（KGPL）整合全球 2000 余个文化数据库，涵盖文学经典、艺术流派、非遗技艺等领域，形成覆盖多种语言的创意知识图谱。在影视创作场景中，模型可自动分析《千里江山图》等名画的构图规律，生成符合宋代美学风格的动画分镜脚本。

1. 文学创作的工业化升级

2025 年 2 月 5 日，阅文集团宣布旗下作家辅助创作平台"作家助手"已集成独立部署的 DeepSeek-R1，用户下载作家助手并升级至最新版本即可试用并参与内测,共同探索 AI 赋能网文创作的最佳实践路径,如图 1-2 所示。这也是 DeepSeek 首次被应用于网文领域,标志着网文创作进入一个更加高效智能的时代。

图 1-2　DeepSeek 接入阅文集团作家助手

作家助手集成 DeepSeek-R1 后,将在智能问答、灵感激发和文本润色三方面显著升级,提供更智能的创作辅助服务。

2. 影视工业的智能重塑

唐德影视已经将 DeepSeek 应用在中短剧内容创意生成及筛选、剧本创作辅助等方面,结合其他大模型工具,在剧本内容创作和微短视频生成方面收获了较好的使用效果。在 AI 技术应用方面,唐德影视密切跟踪技术发展趋势,深度参与了浙江广电集团智媒果 AIGC 技术平台的研发和应用,已经运用智媒果平台创作了多部短剧和短视频内容,唐德影视与轩晔科技共建了 AIGC 实验室,将持续通过对 AI 等创新科技成果的应用,提升生产内容的品质和效率,图 1-3 所示为"智媒果"首页中显示接入 DeepSeek。

图 1-3 智媒果接入 DeepSeek

3. 数字艺术的范式创新

DeepSeek 赋能 Z 视介，用 AI 开启智媒新时代。浙江卫视用实践给出了精彩答案。依托 DeepSeek-R1，浙江卫视正在新媒体平台 Z 视介上开展一场深度智能化变革，全面重塑内容生产、用户交互和文化传播的模式。

2025 年新年伊始，智媒果与 DeepSeek-R1 深度融合，凭借千亿级参数大模型在语义理解、多模态生成等方面的独特优势，全面提升 Z 视介的智能化水平：节目素材处理效率提升 47%，大幅优化制作流程；用户互动响应速度提升 3 倍，显著改善观看体验；内容生产成本降低 60% 以上，推动智能创作降本增效。

智媒果不断探索传统文化现代表达的创新路径。在 2025 年浙江卫视《越韵中国年》春节晚会上，智媒果结合 DeepSeek 的知识图谱和自然语言处理能力，推出"一键识屏"智能交互功能，用户通过简单点击即可获取剧情解析、经典唱段、功法动作等专业内容。它就像一位资深的戏曲专家，深入解读"老戏新编"，让用户轻松领略经典与现代演绎融合的独特之美。它还能逐帧拆解，根据越剧表演艺术家李云霄的 27 个经典水袖动作，生成可互动模仿的教程，为戏曲爱好者提供沉浸式学习体验，如图 1-4 所示。

图 1-4 DeepSeek 对视频逐帧拆解

智媒果不仅重塑了内容生产,更重构了 Z 视介的用户互动体验。在 DeepSeek 强大推理能力的加持下,Z 视介已形成智能推荐、用户画像、精准广告投放的完整生态链,驱动文化内容的精准触达和个性化互动,提升了用户体验和平台的商业价值。

Z 视介已上线多个 AI 互动应用,如 AI 宋韵社区、跑男第九人、德寿宫宋舞风华、越韵幻颜等互动类智能体,以及 AI 魔法相机、AI 音乐制作人、AI 海报等工具类智能体,如图 1-5 所示。

图 1-5 DeepSeek 构建的智能体

在网文、动漫、设计等领域,DeepSeek 使创意生产周期平均缩短 40%,人力成本降低 35%。截至 2025 年 2 月中旬,DeepSeek 已协助 127 个非遗项目完成数字化转化,如苏州缂丝技艺结合智能纹样生成系统,开发出 800 余款符合现代审美的跨界产品。由此可见,DeepSeek 在文化与创意产业中发挥着重要作用。

1.4.3 软件服务行业——软件创新的加速器

在软件服务行业，DeepSeek-R1 采用混合专家架构（MoE）与无辅助负载均衡策略，通过动态路由机制实现代码生成质量与推理速度的平衡。其独有的多词元预测（MTP）技术，可同步预测多个代码片段，显著提升开发效率。模型支持端云协同部署，适配企业级开发环境，开源特性使私有化定制成本降低60%以上。

DeepSeek 在软件开发领域可以帮助开发者实现降本增效。DeepSeek 的技术可以贯穿软件开发的全生命周期，从需求分析、设计、开发、测试到部署和运维，如表 1-1 所示。它为开发者提供智能化的工具和辅助手段，从而提升开发效率、提高代码质量、优化用户体验，并降低开发和维护成本。

表 1-1　DeepSeek 在软件服务行业的技术应用

项目	功能	功能介绍
智能化开发工具	代码生成与补全	DeepSeek 可以利用其先进的自然语言处理技术和代码理解能力，为开发者提供智能代码生成、代码补全功能。例如，通过分析上下文代码，自动生成函数、类或模块的实现代码，减少重复劳动，提升开发效率
	代码审查与优化	借助机器学习模型，DeepSeek 能够对代码进行自动审查，检测潜在的错误、漏洞或性能问题，并提供优化建议。这有助于提高代码质量，减少后期维护成本
需求分析与设计阶段的辅助	需求理解与澄清	通过自然语言处理技术，DeepSeek 可以帮助开发者更好地理解和澄清需求文档。它能够分析自然语言描述的需求，提取关键信息，甚至自动生成需求规格说明书的初始版本，减少需求理解的歧义
	设计模式推荐	在软件架构设计阶段，DeepSeek 可以根据项目需求和上下文，推荐合适的设计模式或架构方案。例如，基于历史项目数据和最佳实践，为开发者提供架构设计的参考方案

续表

项目	功能	功能介绍
测试自动化与优化	测试用例生成	DeepSeek 可以基于代码和需求文档自动生成测试用例，覆盖常见的场景和边界条件。这不仅减少了手动编写测试用例的工作量，还能提高测试覆盖率
	缺陷预测与定位	利用机器学习模型，DeepSeek 能够分析代码的历史缺陷数据，预测可能出现问题的代码区域，并快速定位缺陷，帮助开发者更快地修复问题
软件开发流程的优化	项目管理辅助	通过分析项目进度、任务分配和团队协作数据，DeepSeek 可以为项目管理者提供实时的进度预测和风险预警。例如，预测项目延期的可能性，并提前调整资源分配
	知识管理与传承	DeepSeek 可以帮助团队整理和管理开发过程中的知识，如代码注释、技术文档、开发经验等。通过自然语言处理技术，将这些知识进行结构化存储和检索，方便新成员快速上手
提升用户体验	智能交互界面	对于需要与用户进行交互的软件，DeepSeek 的自然语言处理和语音识别技术可以用于开发智能聊天机器人、语音助手等功能，提升用户与软件的交互体验
	个性化推荐	在一些应用中，DeepSeek 的机器学习模型可以根据用户的使用习惯和偏好，提供个性化的内容推荐或功能优化，提升用户满意度
持续集成与持续部署（CI/CD）	自动化流水线优化	DeepSeek 可以分析 CI/CD 流水线的运行数据，识别瓶颈和优化点，帮助团队优化构建、测试和部署流程，减少交付时间

1.4.4 教育与培训——教育创新的范式重构

在教育与培训方面，DeepSeek-R1 通过动态知识图谱构建技术和自适应学习算法，实现对学习者认知水平、知识盲区的精准识别。该模型支持与教育信息化系统深度集成，形成"数据采集—分析诊断—资源推送"的闭环。同时，其在应用场景上也实现了大幅革新。

中信证券研究报告显示，2025年1月以来，多家教育企业相继引入DeepSeek，在强推理能力AI大模型的赋能下，教育+AI有望加速进入商业化落地阶段。DeepSeek在准确度、推理能力和训练成本上的优势有望推动教育+AI的大范围应用推广，其场景理解能力、数据积累优势及产品化能力将成为新的商业化竞争优势。目前在DeepSeek的催化下，教育+AI在教育硬件、软件订阅、智慧校园三个赛道上的商业化落地势头正足，同时其对于传统教培领域的效率提升也有显著的促进作用。

2025年2月12日，高途宣布正式完成DeepSeek接入，主要应用于教研、教学、产品开发及内容创作等多个核心业务场景，并计划在未来三个月陆续推出多项调优结果和更新功能，如图1-6所示。

图1-6　高途接入DeepSeek

除此之外，云学堂、希沃等多家教育企业宣布旗下产品接入DeepSeek，加速推动AI技术在教育教学场景中的创新应用。

2025年2月，广东技术师范大学基于与华为的全面战略合作优势，在"鲲鹏+昇腾"生态支持下，正式将DeepSeek全面接入广东省教育行业信创适配中心（以下简称适配中心），如图1-7所示。此次技术整合标志着该校在教育信息化建设、数字化转型进程中取得重要进展。

图 1-7　广东技术师范大学接入 DeepSeek

基于 DeepSeek-GDVE 教育大模型，适配中心将进一步推动构建丰富的教育行业知识库，依托国产算力打造"教育智能体平台"，在智能教学辅助、科技创新支持、产教融合与成果转化等方面解决高校教育教学、科学研究、管理服务的实际问题；同时，在面向未来现代产业体系人才培养的职业教育方面重点发力，将 AI 大模型快速融入现代产业升级需求下的应用实战型人才培养全过程，逐步实现 AI 赋能教育行业全领域。

1.4.5　工业与制造业——智能制造的范式重构

在工业与制造业方面，DeepSeek-R1 采用混合专家架构与多模态工业知识图谱融合技术，突破传统工业 AI 模型对结构化数据的依赖。其推理框架支持对设备振动频谱、热成像数据、工艺参数日志等异构工业数据的联合解析，实现设备健康管理、工艺优化与供应链协同的端到端智能化。

1. 央国企上线DeepSeek "算力+AI" 赋能工业发展

中国石油化工集团有限公司（简称"中国石化"）迅速行动，在中国电信的助力下，全力推进模型部署调试，依托天翼云强大的算力资源和技术优势，成功部署和应用全尺寸 DeepSeek-R1（671b）大模型，如图 1-8 所示。此次合作为中国石化全面应用 AI 技术奠定了坚实基础，也为央国企数智化转型树立了标杆。

图 1-8　天翼云接入 DeepSeek 助力中国石化

2. DeepSeek在东莞市人工智能大模型中心部署完成

2025年2月12日，在相关部门的指导下，国内领先的 AI 大模型 DeepSeek 在东莞市人工智能大模型中心完成部署上线，为用户提供高质量服务，如图1-9 所示。

中华人民共和国工业和信息化部印发《智能制造典型场景参考指引（2025年版）》，基于制造企业探索实践，结合技术创新与融合应用发展趋势，从工厂建设、产品研发、生产管理、生产作业等8个重点环节，提炼出40个典型场景。

图 1-9　DeepSeek 在东莞市人工智能大模型中心部署完成

除以上案例外，DeepSeek 在工业与制造业的应用场景还包括以下几种。

（1）设备健康管理——从被动维修到预测性维护。

北方导航控制技术股份有限公司部署 DeepSeek 的设备智能运维系统，通过分析数控机床的振动、温度、电流等 12 类传感器数据，构建故障预测模型，系统实现 90% 的故障提前 72 小时预警，包括轴承磨损、刀具断裂，设备非计划停机时间减少 65%，年维护成本降低 2800 万元。

（2）智能质检——光学检测的精度革命。

中国联通在汽车零部件生产线部署 DeepSeek 的多模态质检系统，结合工业相机与超声波探伤数据，实现曲轴、齿轮等关键部件的全自动检测，系统缺陷识别准确率达 99.3%，检测效率较人工提升 4 倍，每年质量损失下降 1.2 亿元以上。

（3）生产调度优化——动态响应的智慧中枢。

宝沃汽车中德智造示范工厂集成 DeepSeek 的生产排程引擎，通过实时解析订单数据、物料库存、设备状态等 200 余项参数，动态调整 8 种车型混流生产线的节拍。该系统使切换车型的调试时间从 4 小时缩短至 15 分钟，整体产能利用率提升 22%。

在 DeepSeek 的助力下，工业与制造业领域正发生深刻变革，其价值如下。

- 生产效率跃升：DeepSeek 推动工业场景的平均设备综合效率（OEE）提升 18%～35%，关键工艺良品率突破 99% 的阈值。
- 成本结构优化：标杆企业数据显示，预测性维护使备件库存减少 40%，智能排产使能耗成本降低 25%，形成可持续的绿色制造模式。
- 制造模式革新：从大规模标准化生产转向"全球订单—区域工厂—柔性产线"的三级协同网络，订单交付周期缩短 50% 以上。

1.4.6 政务系统接入DeepSeek——"AI公务员"提升办公效率

2025 年 2 月 8 日，深圳市龙岗区政务服务和数据管理局已经在政务外网部署上线了 DeepSeek-R1 全尺寸模型，成为广东省首个在政务信创环境下部署上线该模型的行政单位。2月10日,深圳市完成DeepSeek-R1(671b)满血版模型在政务云上的部署,并于2月13日组织开展全市范围的操作培训,成为广东省首个基于政务云信创环境,在全市范围内部署应用DeepSeek的城市,标志着深圳市政务服务智能化水平再上新台阶。2月16日,深圳市基于政务云环境面向全市各区各部门正式提供DeepSeek模型应用服务,实现了基于DeepSeek的AI政务应用一体化赋能升级。

此外,深圳市福田区推出了基于DeepSeek开发的AI数智员工,并上线了福田区政务大模型2.0版本。该大模型不仅具备DeepSeek的通用能力,还结合各部门、各单位的实际业务流程,量身定制了个性化智能体,首批个性化智能体可满足240个业务场景的使用需求,如图1-10所示。

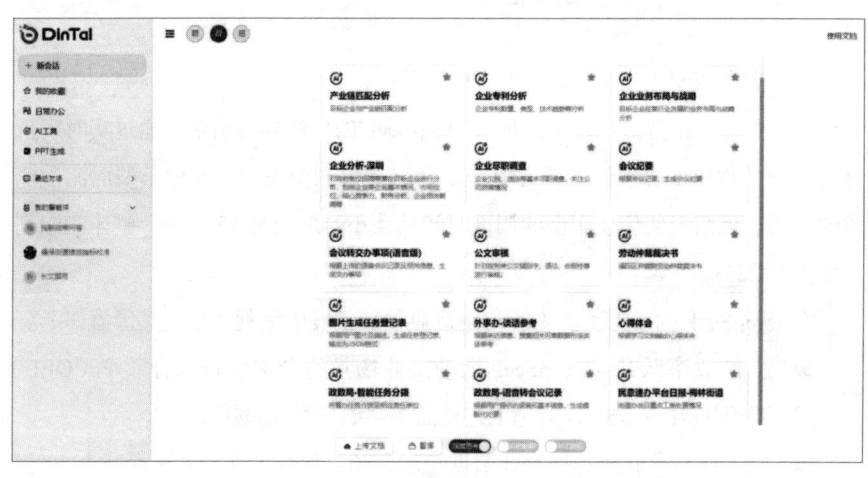

图1-10 基于DeepSeek开发的AI数智员工

目前,涵盖11大类的70名数智员工已覆盖政务服务全链条。其中,"公文格式修正"准确率超过95%,审核时间缩短90%,错误率控制在5%以内;"执法文书生成助手"可将执法笔录秒级生成执法文书初稿;"民生诉求分拨"准确率从70%提升至95%,支持民情周报、日报初稿一键生成;"安全生产助手"生成演练脚本效率提升100倍;"AI招商助手"企业分析筛选效率提升30%,分析时间缩短至分钟级;"深小服"全面覆盖党务咨询、流程规范等各项业务,服务于全区全体党务工作者;"AI任务督办助手"跨部门任务分派效率提升80%,按时完成率提升25%。

除此之外,北京、广州、呼和浩特、赣州、无锡、临沂等城市也陆续宣布完成政务领域的DeepSeek系列大模型部署,多地政务系统将在提升政务服务效率与质量、优化公共服务体验、推动政务智能化转型等多方面进行深刻变革。如图1-11所示,北京市海淀区海国投集团基于电子云打造智算云,接入DeepSeek,全面服务海淀区客户。

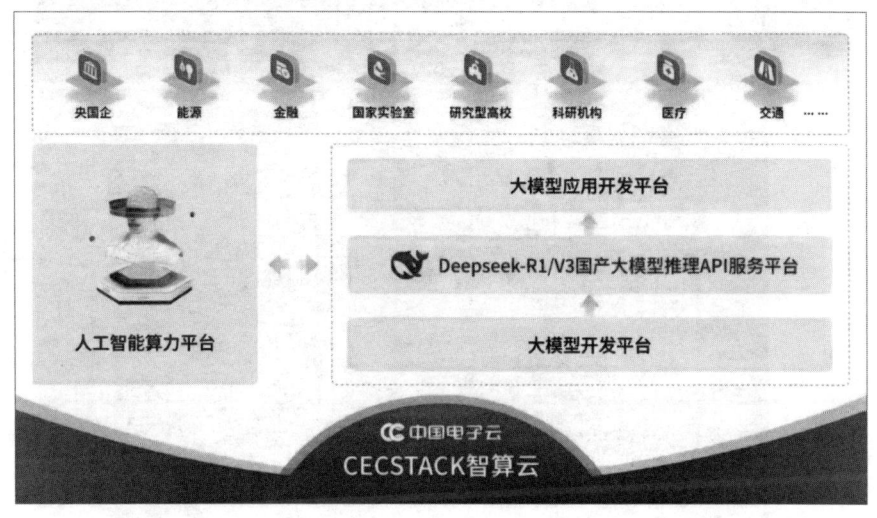

图1-11 北京市海淀区海国投集团智算云接入DeepSeek

第 2 章

DeepSeek 的使用方法与技巧

本章的主要内容

- ◆ 注册属于自己的 DeepSeek 账号
- ◆ DeepSeek 对话页面功能介绍
- ◆ 与 DeepSeek 进行对话的基本流程
- ◆ 深度思考模式
- ◆ 联网搜索模式
- ◆ DeepSeek 的指令

本章将为读者呈现一份通俗易懂的 DeepSeek 使用攻略，手把手教读者从零开始上手操作 DeepSeek。

2.1 注册属于自己的DeepSeek账号

本节将引导读者注册属于自己的 DeepSeek 账号，让读者轻松开启智能学习和工作之旅。

登录 DeepSeek 的入口有 3 种打开方式，下面分别介绍。

1. 网页版

（1）打开浏览器，搜索并打开 DeepSeek 官网。

（2）直接在浏览器地址栏中输入 DeepSeek 的网址（www.deepseek.com），即可打开 DeepSeek 官网，如图 2-1 所示。

图 2-1　DeepSeek 官网

（3）进入官网之后，单击"开始对话"按钮。首次使用 DeepSeek 需要进行注册，可以使用手机号、微信、邮箱进行注册，注册完成后进入登录页面，如图 2-2 所示。

图 2-2 DeepSeek 登录页面

（4）选择登录方式，并根据页面提示输入信息，完成登录。

⚠️**提示**：注册后建议立即绑定手机号，方便找回账号。

（5）登录后即可进入对话页面，在这里就可以与 DeepSeek 交互了，如图 2-3 所示。

⚠️**提示**：在对话页面左侧可以看到历史对话，可以重命名对话方便查找，如图 2-4 所示。

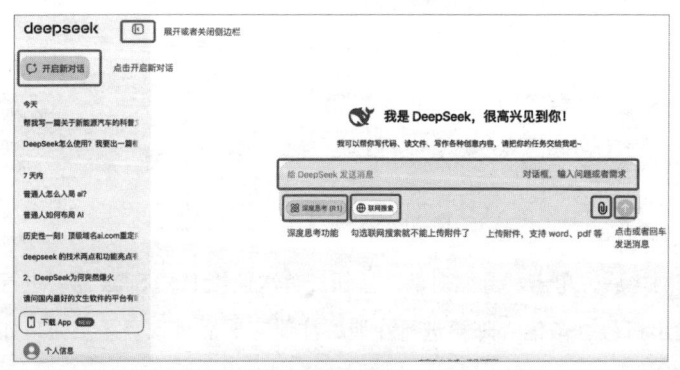

图 2-3 DeepSeek 对话页面

图 2-4 历史对话

2. App

在手机应用商店中搜索"DeepSeek",下载并安装 DeepSeek App,使用手机号或微信完成注册和登录即可,如图 2-5 所示。

图 2-5 在手机应用商店中搜索"DeepSeek"

3. 其他入口

在飞书、钉钉、纳米 AI 搜索等合作平台,找到内置的 DeepSeek 入口即可,如图 2-6 所示。

图 2-6 找到内置的 DeepSeek 入口

2.2 DeepSeek对话页面功能介绍

这里我们以 DeepSeek 网页版为例讲解 DeepSeek 对话页面的功能。单击 DeepSeek 官网页面中的"开始对话"按钮后,进入 DeepSeek 的对话页面,如图 2-7 所示。

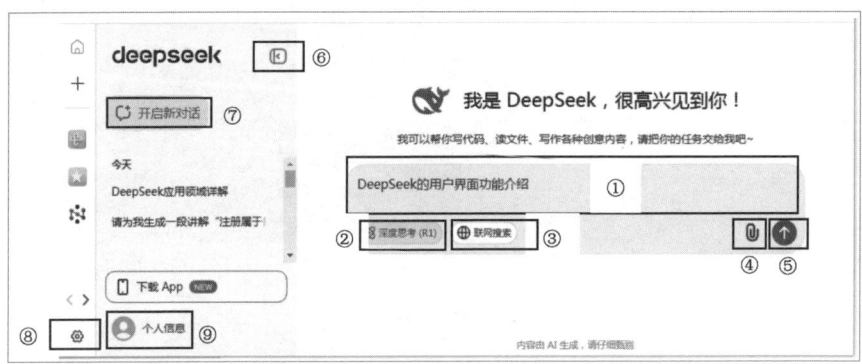

图 2-7　DeepSeek 的对话页面

DeepSeek 的对话页面设计简洁大方,用户与 DeepSeek 的大部分交互都是在这个页面中完成的,下面详细介绍该页面中各部分的功能。

①对话框:位于页面的中间位置,方便用户随时输入指令。

②"深度思考"按钮:位于对话框左下方,单击即可调用 DeepSeek-R1 模型,该模型具备强大的推理分析能力,能使 DeepSeek 给出更精准、深入的回答。

③"联网搜索"按钮:位于对话框左下方,单击后,DeepSeek 会从海量网络信息中筛选出最新、最有用的内容。

④"上传附件"按钮📎:位于对话框的右下方,用于上传文件。用户可以上传本地的文档、带文字的图片等,但目前该功能仅支持识别文件中的文字内容,暂不支持对图片的复杂解析。

⑤"发送"按钮↑:位于对话框的右下方,单击该按钮,即可发送指令,得到 DeepSeek 的回答内容。

⑥ "边栏"按钮 ：位于对话页面的左上方，单击该按钮，可以查看与 DeepSeek 的历史对话。

⑦ "开启新对话"按钮 ：位于对话页面左上方，单击该按钮，即可新建一个对话。

⑧ "设置"按钮 ：用于进行各项设置。

⑨ "个人信息"按钮 ：单击即可展开"个人信息"菜单，可以设置个人信息、更改系统设置、退出登录等，如图 2-8 所示。

图 2-8 "个人信息"菜单

2.3 与DeepSeek进行对话的基本流程

DeepSeek 能够通过自然语言处理技术理解用户输入并提供相应的回答，基本流程如下。

（1）打开 DeepSeek。

通过网页版、App 或 API 接口打开 DeepSeek。

（2）用户输入。

用户以自然语言输入问题，如"我想了解今天的天气情况"。尽量清晰地描述问题，以便 DeepSeek 更好地理解。

（3）DeepSeek 处理输入。

输入并发送问题后，DeepSeek 会分析用户输入的语义、意图和上下文，并根据用户需求，从知识库中检索信息。

（4）DeepSeek 回答。

DeepSeek 会以文本或可视化形式返回结果，如"今天的天气是晴天，气温在 20 ℃到 28 ℃之间"。如果 DeepSeek 无法理解用户输入，可能会请求用户进一步澄清，如"您是指哪个城市的天气"。

（5）用户进一步交互。

用户可以根据 DeepSeek 的回答进一步追问，如"那明天的天气呢"。如果 DeepSeek 的回答不符合预期，用户可以重新表述问题。

（6）结束对话。

当用户的需求得到满足后，可以结束对话。用户可以通过输入"退出"或单击关闭按钮结束对话。

（7）反馈与改进。

用户可以对 DeepSeek 的回答进行评价（如"有帮助"或"无帮助"），以帮助 DeepSeek 改进。DeepSeek 会根据用户反馈和交互数据不断优化回答。

通过以上流程，用户可以高效地与 DeepSeek 进行对话，获取所需信息。

操作实践

（1）进入 DeepSeek 的对话页面。

（2）在对话框中输入问题或需求，用自然语言描述即可，如"帮我写一篇关于新能源汽车的科普文章，500 字左右，适合中学生阅读"。

如果开启了"深度思考"模式，DeepSeek 在生成回答之前会先向用户展示其思考过程，如下所示。

R1：深度思考

好的，用户让我帮忙写一篇关于新能源汽车的科普文章，500 字左右，适合中学生阅读。第一，我需要明确用户的需求。用户可能是一位中学生，或者是一位老师，想要给学生准备科普材料。不管是哪种情况，文章需要浅显易懂，语言生动有趣，避免使用过于专业的术语，同时要涵盖新能源汽车的基本概念、类型、优势及未来发展等内容。

第二，我得考虑结构。通常科普文章的结构包括引言、主体和结论。引言部分可以用一个有趣的问题或现象引起读者的兴趣，比如堵车时观察到的绿色车牌，这样贴近生活，容易让中学生产生共鸣。主体部分需要分几个小节，比如"新能源汽车是什么""动力来源大不同""绿色出行的未来"等，每个部分用简洁的小标题，方便阅读。

第三，内容方面需要准确但简单。新能源汽车主要分为纯电动、插电混动和燃料电池三种类型，要分别解释它们的工作原理和区别。比如，纯电动靠电池，插电混动可以加油也可以充电，燃料电池用氢气。要避免太技术性的描述，用比喻或类比，比如把电池比作手机充电，这样更易懂。

第四，还要强调新能源汽车的优势，比如环保、节能、低噪声等。可以对比传统燃油车，说明减少尾气排放，对改善空气质量的好处。同时，可以提到一些挑战，比如充电桩不足、电池续航问题，但也要给出未来的展望，如快充技术、电池回收等，让文章有平衡感。

第五，需要注意中学生的认知水平，避免复杂的数据和图表，用具体的例子，比如充满电能行驶多少千米，或者加氢时间短，这样更直观。语言风格要活泼，可以使用一些口语化的表达，比如"变身环保小卫士""心脏"等比喻，让文章更有趣味性。

第六，检查字数，确保在 500 字左右，不要太长。可能需要调整各部分的比例，确保重点突出，结构清晰。还要确认信息的准确性，比如燃料电池的排放只有水，这一点要准确无误。可能还需要加入一些互动性的问题，比如让读者思考自己所在城市的新能源汽车情况，增加参与感。

总结一下，整个思考过程包括确定用户需求、规划结构、选择合适的内容和例子、调整语言风格、确保准确性和适合目标读者。这样写出来的文章才能既科学又有趣，达到科普的目的。

DeepSeek 输出结果如下所示。

《新能源汽车：马路上的"环保卫士"正在变身！》
每天放学路上，你是否注意到越来越多的绿色车牌穿梭在车流中？这些没有排气管，行驶时几乎静音的"神秘座驾"，正是我们身边的环保卫士——新能源汽车。它们正在悄然改变着城市的空气和我们的出行方式。
一、新能源汽车的"家族成员"
新能源汽车可不是千篇一律的"克隆人"，它们有着不同的动力来源。纯电动汽车就像超大号"充电宝",完全依靠电池驱动;插电式混合动力车如同"双面特工",既能加油又能充电;燃料电池车则是"喝水吐泡泡"的魔法师,通过氢氧反应发电,排出的只有水珠。这些车型的共同点是都带着一个聪明的"能量大脑",能把刹车时的动能转化为电能储存起来。

二、马路上的环保革命

传统燃油车每消耗 1 升汽油就会排放 2.5 千克二氧化碳,而纯电动汽车的碳排放量仅为燃油车的 1/3。北京冬奥会期间,1213 辆氢燃料电池车累计减排二氧化碳 2200 吨,相当于种下 12 万棵树。这些"安静的美男子"还让城市噪声降低 3～5 分贝,让街道重回鸟语花香的记忆。

三、驶向未来的智慧出行

新能源汽车正在变身"移动充电宝",未来不仅能给家庭反向供电,还能通过车联网组成智慧电网。宁德时代研发的钠离子电池让成本降低 30%,比亚迪的刀片电池通过针刺试验证明安全性。在上海,自动驾驶新能源出租车已开始试运营,这些"聪明"的汽车正在绘制未来交通的蓝图。

从 1881 年法国人古斯塔夫造出第一辆电动车,到如今中国新能源汽车产销量连续 8 年全球第一,这场绿色出行革命才刚刚开始。或许在不远的将来,加油站会变成充电公园,加氢站会变成社区能量站,而我们每个人都是这场环保变革的参与者和见证者。

(3) 优化回答。

如果对 DeepSeek 的回答不满意,可以基于上下文追问,补充问题或需求,通过多轮问答优化生成结果。可以采用以下几种方式进行优化。

- 补充细节:如"再增加一段电池技术的对比"。
- 调整风格:如"改成更幽默的风格"。
- 纠正错误:直接告诉 DeepSeek 哪里错了,如"第三段的数据不对,应该是××"。

下面通过追问 DeepSeek"增加一段电池性能的数据描述和对比,用表格输出"来优化回答。

R1:深度思考 + 联网搜索

好,用户之前让我写了一篇关于新能源汽车的科普文章,现在他想要增加一段电池性能的数据描述和对比,并且用表格输出。我需要先回顾之前的回答,看看哪里可以插入这个表格,同时结合用户提供的搜索结果来收集最新的数据。

首先,用户给的搜索结果里有多个网页提到了不同电池类型的性能参数。比如网页 1 提到固态电池在 2025 年的能量密度可能突破 400 Wh/kg,成本降至 \$100/kWh 以下,循环寿命 1000 次。网页 2 对比了刀片电池、固态电池、钠离子电池和凝聚态电池的特点,其中刀片电池是磷酸铁锂,能量密度高、稳定性强。网页 4 详细分析了钠离子电池的优缺点,如能量密度 160 Wh/kg,成本低,但循环寿命较短。网页 6 和网页 9 比较了不同电池的应用场景和性能,比如三元锂和磷酸铁锂的区别。网页 10 则提到了比亚迪在冬季测试中的表现,可能涉及低温性能。

我需要将这些信息整合成一个表格,涵盖常见的电池类型,如磷酸铁锂电池、三元锂电池、固态电池、钠离子电池、刀片电池等。需要包括能量密度、循环寿命、成本、低温性能、安全性等指标。

注意不同网页中的数据可能有些差异,比如网页 1 提到的固态电池能量密度是 400 Wh/kg,而网页 2 中的凝聚态电池可能属于固态电池的一种,但网页 9 提到钠离子电池的能量密度是 160 Wh/kg。需要确认数据的一致性,并选择最新的 2025 年预测数据。

同时,用户提供的网页中有一些市场报告,如网页 3 和网页 5,提到了市场规模和趋势,但可能不直接涉及性能参数,可以暂时忽略。重点放在技术对比的网页上,如网页 1、2、4、6、9、10。

表格需要简明扼要,适合中学生阅读,所以术语不能太复杂。可能需要用通俗的语言解释参数,比如"循环寿命"可以写成"充放电次数"等。另外,要确保引用正确的来源,比如固态电池的数据来自网页 1,钠离子电池的数据来自网页 4 和网页 9,刀片电池的信息来自网页 2 和网页 6。

最后,检查表格是否覆盖了用户提到的所有电池类型,数据是否准确,引用是否正确。可能需要调整表格结构,使其清晰易读,比如将不同类型的电池作为行,性能指标作为列,并在备注中补充关键特点或应用场景。

DeepSeek 优化结果如下。

以下为新增的电池性能数据对比表,结合当前主流技术及 2025 年预测数据整理:

电池类型	能量密度(Wh/kg)	循环寿命(次)	成本(美元/kWh)	低温性能(容量保持率)	安全性	主要应用场景
磷酸铁锂电池	110～180	3000～6000	80～120	70%～80%(-20°C)	高（耐高温、针刺安全）	家用车、商用车
三元锂电池	200～300	1500～2500	120～150	60%～70%(-20°C)	中（需严格热管理）	高端车型、长续航车
钠离子电池	120～180	2000～3000	50～70	90%以上(-20°C)	高（0V运输、抗短路）	储能、短续航电动车
固态电池	300～400（预测）	1000+（预测）	100以下（预测）	数据待完善	极高（无液态电解液）	高端电动车、航空
刀片电池	140～160	3000+	90～110	75%～85%(-20°C)	高（结构强化安全）	比亚迪车型、部分第三方车企
锂硫电池	500+（实验室）	500以下	未商业化	数据不足	中（需解决穿梭效应）	无人机、特种领域

关键对比解析

能量密度：三元锂电池和固态电池领先，但钠离子电池通过材料创新（如聚阴离子正极）正缩小差距。

低温性能：钠离子电池表现最优，比亚迪刀片电池通过结构设计提升低温适应性。

成本：钠离子电池因钠资源丰富、无钴镍依赖，成本仅为锂电池的30%～40%，适合大规模储能。

安全性：磷酸铁锂和钠离子电池内阻高、热失控风险低，固态电池因无液态电解液彻底解决易燃问题。

注：以上数据综合实验室成果与2025年产业化预测，实际性能可能因技术突破有所调整。

2.4 深度思考模式

　　DeepSeek 的深度思考模式是其核心推理引擎，通过技术创新和开源生态重塑了大模型在复杂场景中的应用能力，同时也是其魅力所在，让使用者感到深深的震撼——原来 AI 可以像人类一样思考！下面从主要功能和应用场景 2 个维度进行详细讲解。

1. 主要功能

深度思考模式主要具有以下 3 个方面的功能。

(1) 深度推理与结构化分析。

- 多维度拆解问题：采用 SWOT、5W1H 等框架，如在碳中和城市方案设计中，从能源、交通、建筑等维度生成多视角对比。
- 因果链推演：构建包含 12+ 变量的博弈模型，预测行业趋势（如"2025 年二线品牌淘汰率或达 37%"）。

(2) 实时数据融合与验证。

结合联网搜索模式，可接入 3000+ 实时信息源（如 Bloomberg、arXiv），并通过 Triangulation 方法交叉验证政府公报、学术论文等多方数据。

DeepSeek 预训练数据更新至 2024 年 7 月，联网搜索模式下支持获取最新信息（如 2025 年春晚节目动态）。

(3) 自我纠错与教育适配。

在解题过程中展示完整思考链路，包括假设推演、逻辑检查和错误修正，适合教学场景（如向小学生解释"为什么能看到流星"）；提供"小学生沟通模式"，用通俗语言简化复杂概念。

2. 应用场景

深度思考模式的典型应用场景如下。

(1) 教育与学术研究。

- 自动生成含多个知识点的习题（如三年级数学思维题），并给出解题过程。
- 辅助论文写作，通过知识图谱关联跨学科文献。

(2) 商业决策与战略分析。

- 在投资可行性分析中，综合实时数据（如锂价波动）与深度推演，生成《价格战下的技术突围路径》等报告。
- 预测行业趋势，提前识别新兴概念爆发（如"室温超导"技术）。

（3）开发者与工程师工具。

- 通过思维链 API 实时展示模型推理过程，支持代码生成与调试。
- 低代码平台（如钉钉宜搭）集成 DeepSeek-R1 模型，用于数据分析、自动化流程设计。

深度思考模式的使用建议如下。

- 效能优先场景：关闭深度思考模式和联网搜索模式以提升响应速度（如会议纪要整理）。
- 复杂决策场景：同时开启深度思考模式和联网搜索模式，如分析 2025 年新能源汽车市场时，结合实时供应链数据与博弈模型。
- 技术边界：深度思考模式目前更擅长数学、编程等可验证领域，对于法律、伦理等问题仍需人工干预。

操作实践

下面我们使用 DeepSeek 的深度思考模式来生成一份短视频带货脚本，为了展示深度思考模式的优势，我们使用普通模式生成一份短视频带货脚本进行对比。

具体操作如下。

（1）输入需求。

> 请生成一份短视频带货脚本，产品是一款智能扫地机器人，目标受众是家庭主妇，注重清洁效果和便捷性。

（2）单击对话框下方的"深度思考（R1）"按钮，开启深度思考模式，然后单击"发送"按钮，即可看到 DeepSeek 先进行深度思考，思考过程如下。

> 好的，用户让我生成一份短视频带货脚本，产品是智能扫地机器人，目标受众是家庭主妇，注重清洁效果和便捷性。首先，我需要明确家庭主妇的需求。她们通常关心清洁效率、清洁时间、操作是否简单，可能还有噪声问题，或者是否适合家中有小孩或宠物的情况。
>
> 接下来，脚本的结构可能需要吸引眼球的开头，展示产品解决的痛点。比如展示家庭主妇忙碌的场景，然后引入产品解决问题，突出产品的核心卖点——清洁效

果强,比如大吸力、智能路径规划、扫拖一体。介绍便捷性方面的优势,比如 App 控制、自动回充、语音控制。

还要考虑使用场景,比如厨房的油渍、客厅的宠物毛发,孩子打翻的食物,这些都能体现产品的实用性。可能需要对比传统清洁方式,突出其节省时间的卖点。另外,家庭主妇可能在意价格,所以促销信息或限时优惠很重要。

需要注意镜头切换和画面展示,比如产品工作时的特写、手机 App 界面、家庭主妇轻松喝咖啡的画面。选择轻快温馨的音乐,营造舒适感。旁白要简洁,有感染力,强调省时省力。

可能用户没有提到的深层需求是安全性和耐用性,但脚本里可以通过展示产品自动避障和续航能力来体现。最后,结尾要有行动号召,增加转化率,比如点击购物车。需要确保整个脚本节奏紧凑,重点突出,在 30 秒内传达关键信息。

(3) DeepSeek 思考完成后,即可生成如下内容。

【短视频带货脚本:智能扫地机器人(30 秒版)】
背景音乐:轻快温馨的钢琴曲,穿插科技感音效
镜头 1(3 秒)
画面:一位妈妈手忙脚乱擦地,孩子跑过留下脚印,宠物狗毛发飞扬
旁白:"每天打扫三小时?你的时间不该被灰尘绑架!"

镜头 2(5 秒)
特写:智能扫地机器人启动,强力吸走饼干碎屑 + 宠物毛发
字幕弹窗:"飓风级吸力 | 99.9% 尘螨清除 | 宠物家庭神器"

镜头 3(4 秒)
画面:妈妈用手机 App 一键开启清扫,机器人自动绕开拖鞋 / 玩具
画外音(轻松笑声):"连 2 厘米的桌腿都能智能绕开,比老公擦得还仔细!"

镜头 4(5 秒)
分屏对比:
左屏:传统拖把反复擦顽固污渍
右屏:机器人高频震动拖地,酱油渍瞬间消失

红字特效:"扫拖二合一 | 自动回充 | 3 小时超长续航"

镜头 5（3 秒）
画面:妈妈敷面膜喝咖啡,机器人工作全景（显示时钟快速转动）
旁白:"每天多出 2 小时,这才是生活该有的样子!"

镜头 6（5 秒）
特写:产品旋转展示（突出纤薄机身 + 尘盒设计）
大字标语:"前 100 名下单送 6 个拖布 +1 年延保!直播间专属优惠立减 300 元!"

结尾镜头（5 秒）
妈妈抱着孩子微笑,机器人返回充电座
超级卖点快闪字幕:"30 天无理由退换 | 顺丰包邮 | 德国 TÜV 认证"
旁白:"点击购物车,把清洁专家带回家!"

创意强化点:
痛点场景:用宠物毛发 / 儿童零食等高频清洁难题引发共鸣
信任背书:插入实验室数据对比（如"吸力比普通款强 230%"）
促销紧迫感:倒计时弹窗 + 限量赠品强调稀缺性
生活方式营销:将产品与"精致主妇""家庭时光"强关联
建议搭配直播切片:展示机器人攀爬地毯、清理地粉等实测视频增加可信度。

（4）取消深度思考模式,采用普通模式,重新生成以上内容,生成结果如下。

短视频带货脚本:解放双手,从这款智能扫地机器人开始!
目标受众:家庭主妇
视频时长 30 秒
视频风格:温馨、生活化、突出产品优势
场景:现代简约风格客厅,阳光明媚
人物:一位年轻妈妈（出镜）,活泼可爱的孩子（可选）

BGM：轻快活泼的背景音乐

脚本：

镜头1：（特写）干净整洁的木地板，阳光洒在上面，闪闪发亮。（画外音：每天最头疼的就是打扫卫生？）

镜头2：（中景）年轻妈妈弯腰拖地，一脸疲惫，孩子在一旁玩耍，弄乱了刚刚拖干净的地板。（画外音：地板刚拖完又脏了？）

镜头3：（特写）智能扫地机器人从充电座出发，开始工作。（画外音：试试这款智能扫地机器人，解放双手，轻松拥有洁净家居！）

镜头4：（中景）扫地机器人灵活穿梭在客厅中，轻松避开家具和玩具。（画外音：智能规划路线，清洁无死角！）

镜头5：（特写）扫地机器人强力吸尘，将地板上的灰尘、毛发、饼干屑等一扫而光。（画外音：强劲吸力，连缝隙灰尘都不放过！）

镜头6：（中景）年轻妈妈坐在沙发上悠闲地喝着咖啡，孩子在一旁玩耍，扫地机器人在一旁默默工作。（画外音：省时省力，让你有更多时间陪伴家人！）

镜头7：（特写）扫地机器人自动返回充电座充电。（画外音：智能回充，无须操心！）

镜头8：（产品展示）扫地机器人不同角度特写，突出其时尚外观和智能功能。（画外音：这款智能扫地机器人，你值得拥有！）

镜头9：（行动号召）年轻妈妈对着镜头微笑，说出促销信息。（画外音：现在购买还有超值优惠，赶快点击下方链接抢购吧！）

字幕：

解放双手，从这款智能扫地机器人开始！

智能规划路线，清洁无死角！

强劲吸力，连缝隙灰尘都不放过！

省时省力，让你有更多时间陪伴家人！

智能回充，无须操心！

现在购买还有超值优惠，赶快点击下方链接抢购吧！

备注：

可以根据实际情况调整视频时长和内容。

可以邀请网红或KOL进行推广，提高产品曝光率。

可以结合节日或热点进行营销活动，吸引更多用户关注。

对比两次生成的结果,可以明显看到,深度思考模式生成的内容比普通模式生成的内容详细和具体很多,达到了专业脚本的效果。

2.5 联网搜索模式

DeepSeek 的联网搜索模式基于 RAG 技术,深度融合多源实时信息检索与 AI 语义解析,支持文本、语音、图片多模态输入,精准抓取权威数据,理解复杂查询,自动过滤低质广告,结构化呈现可视化结果,同时保障数据隐私。该模式可将时效性回答准确率提升 40%,广泛适用于教育、研究、商业等领域,为用户提供高效、精准、可信的一站式智能搜索体验。

1. 使用场景

(1)实时新闻与动态信息:使用该模式可以查询最新的新闻事件、体育赛事比分等。

(2)跨应用信息整合:使用该模式能够整合不同应用中的信息,如从聊天记录中提取关键信息。

(3)专业领域信息检索:该模式支持接入权威金融数据库和学术论文库,为用户提供丰富的背景信息。

2. 操作方式

用户可以通过单击 DeepSeek 对话页面中的"联网搜索"按钮开启联网探索模式,如图 2-9 所示。

图 2-9 "联网搜索"按钮

（1）基础操作：同时开启深度思考模式和联网搜索模式，然后输入指令，DeepSeek自动生成多组搜索词并抓取结果，如图2-10所示。

图2-10　同时开启深度思考模式和联网搜索模式

[!]提示：单击搜索结果后面的超链接数字即可链接到相应的网页，从而查看详细的内容，如图2-11所示。

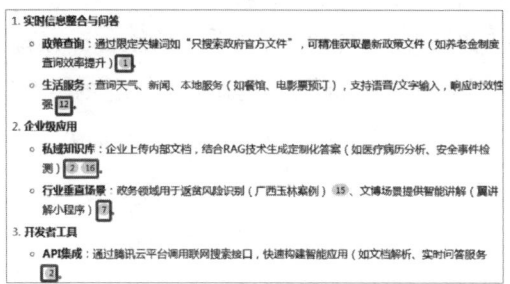

图2-11　单击超链接数字

（2）高级技巧。
- 限定权威来源：在输入指令中指定"仅搜索政府官网/学术网站"，过滤低质信息。
- 结构化指令模板：附加提示词"请使用高级搜索技巧生成关键词"，优化搜索精准度。

[!]提示：用户可以通过API调用模型，将其集成到自己的应用程序中。

3. 使用建议与注意事项

（1）场景化配置建议。

- 效能优先场景（如会议纪要整理）：建议关闭联网搜索模式以提升响应速度。
- 战略决策场景（如投资分析）：需同时开启联网搜索模式和深度思考模式，确保数据与逻辑双重验证。

（2）功能边界。

- 受网站反爬机制限制，部分数据可能缺失（如需要登录才能访问的付费报告）。
- API 暂不支持联网搜索模式，需通过网页端或集成平台（如腾讯云、天工 AI）使用。

通过合理使用联网搜索模式，用户可在信息时效性与分析深度之间取得平衡，满足从日常查询到专业研究的多样化需求。DeepSeek 的联网搜索模式通过实时数据访问和深度语义理解，极大地提升了 AI 助手的实用性和灵活性。无论是在日常生活中还是在专业领域中，这一功能都能帮助用户快速获取最新信息，提升工作效率。

2.6 DeepSeek的指令

DeepSeek 中的指令通过自然语言精准控制 AI 行为边界与输出逻辑，实现任务解析、内容生成及交互流程的定向优化，确保结果与用户需求高度契合。

2.6.1 零样本提示词

DeepSeek 的生成效果与提示词（prompt）的质量密切相关。

虽然 DeepSeek 官方有提示词库，但对于日常简单问题，输入内容越贴近自然语言,DeepSeek的回答效果越好。如"如何做蛋炒饭""给我一周的健康餐谱""好玩的冷笑话有哪些""你能帮我推理下期彩票吗"等,模型具备较强的意图识别能力,能解析口语化表达。例如,输入"如何做蛋炒饭",DeepSeek生成的回答如下。

蛋炒饭是一道简单又美味的家常菜,以下是详细的做法。

材料:
隔夜米饭:1 碗
鸡蛋:2 个
葱花:适量
盐:适量
生抽:适量(可选)
油:适量
其他配料(如火腿、胡萝卜、青豆等,可选)

步骤:
准备米饭:最好用隔夜米饭,水分较少,炒出来更松散。如果米饭结块,用手轻轻捏散。
打鸡蛋:将鸡蛋打入碗中,加入少许盐,搅拌均匀。
热锅凉油:锅中倒入适量油,烧热后倒入蛋液,快速翻炒至鸡蛋凝固,盛出备用。
炒米饭:锅中再加少许油,放入米饭翻炒,用铲子压散米粒,炒至米饭热透。
加入鸡蛋:将炒好的鸡蛋倒入米饭中,翻炒均匀。
调味:加入适量盐和生抽(可选),继续翻炒均匀。
加入葱花:最后撒上葱花,翻炒几下即可出锅。
小贴士:
如果喜欢丰富口感,可以加入火腿、胡萝卜、青豆等配料,提前炒熟再加入米饭中。
炒饭时火候要大,快速翻炒,避免米饭粘锅。
这样,一份香喷喷的蛋炒饭就完成了!

2.6.2 让AI"说人话"

DeepSeek 的回答有时会比较"抽象",通过添加提示词"说人话"或"详尽版",可以让其回答更通俗易懂。

1. 使用方法

直接添加提示词:用户可以在提问时直接添加提示词,如"说人话""用大白话解释"等。例如,如果问 DeepSeek "什么是量子纠缠",它会给出一篇专业的解释,但如果补充一句"说人话",它会用更通俗的语言来解释。

背景与需求:在提问时提供背景信息和具体需求,可以帮助 DeepSeek 更好地理解用户意图。例如,"我要给老板汇报比亚迪谈判进展,老板完全不懂电池技术,请用卖菜大妈都能听懂的话说明:他们的核心技术强在哪?报价大概多少?谈判时怎么假装专业?"

具体化问题:尽量使用具体名词替代抽象概念,使问题更明确。

2. 应用场景

解释抽象问题:对于复杂的概念,如量子力学、区块链等,DeepSeek 可以用生活化的例子或比喻来解释。例如,将量子纠缠比喻成两个心有灵犀的双胞胎,无论距离多远,一个有变化,另一个也会相应改变。

写作润色:在写作时,DeepSeek 可以帮助我们优化表达,使文章更自然、易读。例如,如果我们写了一段文字,但感觉这段文字过于正式或晦涩,可以让 DeepSeek 帮助润色。

操作实践

下面让 DeepSeek 介绍区块链的概念,用户输入如下。

什么是区块链?

DeepSeek 的回答如下。

区块链是一种分布式账本技术，具有去中心化、不可篡改和透明等特点。以下是其核心要点：

1. 基本概念

区块：存储交易数据的基本单元，包含交易信息、时间戳和前一个区块的哈希值。

链：区块通过哈希值按时间顺序连接，形成链式结构。

2. 关键特性

去中心化：数据分布在多个节点上，无须中央机构管理。

不可篡改：一旦数据写入，就难以修改，确保历史记录可信。

透明性：所有交易公开，参与者可验证。

安全性：依赖加密算法（如 SHA-256）保障数据安全。

3. 工作原理

交易验证：节点验证交易的有效性。

共识机制：通过 PoW、PoS 等算法确保节点间的一致性。

区块添加：验证后的交易打包成新区块，添加到链上。

4. 应用场景

加密货币：如比特币、以太坊。

智能合约：自动执行合约条款。

供应链管理：提升透明度和可追溯性。

身份验证：提供去中心化的身份管理。

5. 优缺点

优点：增强安全性、提高透明度、降低中介成本。

缺点：扩展性有限、能耗高、监管不明确。

总结：

区块链通过去中心化和加密技术，提供了安全、透明的数据管理方式，广泛应用于金融、供应链等领域，尽管面临扩展性和能耗等挑战，但其潜力巨大。

用户补充提示词如下。

> 说人话。

DeepSeek 的回答如下。

简单来说,区块链就像是一个大家共同维护的"公共账本",记录所有的交易信息。这个账本的特点如下:

大家共同管理:没有中心机构控制,所有参与者一起维护。

不可篡改:一旦信息写进去,就不能随便修改,确保数据真实可靠。

透明公开:所有人都能看到账本上的记录,保证公开透明。

安全:通过复杂的加密技术保护数据,防止篡改或攻击。

举个例子:

想象一群人一起玩一个游戏,每笔交易(比如 A 给 B 转钱)都会被记录在一张纸上,然后这张纸被放进一个透明的盒子里。每个盒子都连着前一个盒子,形成一个链条。所有人都能看到盒子里的内容,但不能随便修改。这就是区块链的基本原理。

应用:

比特币:区块链最早的应用,用来记录比特币的交易。

智能合约:自动执行的合同,比如达到某个条件就自动付款。

供应链:追踪商品的来源,确保真实性。

优点:

安全、透明、不需要中间人。

缺点:

速度慢、耗电多、技术复杂。

总结:区块链是一个去中心化、安全透明的记录系统,适合需要高信任度的场景,但还在发展中,存在一些技术挑战。

>_ 操作实践

下面让 DeepSeek 生成一篇关于量子计算的文章,用户输入如下。

帮我写一篇关于量子计算的文章。

DeepSeek 的回答如下。

量子计算：开启计算新时代的革命性技术

引言

在当今信息时代，计算能力已成为推动科技进步的核心动力。传统计算机基于经典物理学的二进制系统，虽然在过去几十年中取得了巨大成就，但在面对复杂问题时逐渐显露出局限性。量子计算作为一种全新的计算范式，利用量子力学的原理，有望彻底改变我们对计算的理解和应用。本文将探讨量子计算的基本原理、发展现状、应用前景及面临的挑战。

一、量子计算的基本原理

1. 量子比特（Qubit）

传统计算机使用比特（Bit）作为信息的基本单位，每个比特只能处于 0 或 1 的状态。而量子计算使用量子比特（Qubit），它不仅可以表示 0 和 1，还可以同时处于 0 和 1 的叠加态。这种叠加态使得量子计算机能够并行处理大量信息，从而大幅提升计算能力。

2. 量子纠缠

量子纠缠是量子力学中的一种现象，指的是两个或多个量子比特之间存在一种特殊的关联，使得它们的状态无论相隔多远都能瞬间影响彼此。这种特性使得量子计算机在处理复杂问题时具有独特的优势。

3. 量子干涉

量子干涉是指量子比特在叠加态中通过干涉增强正确的计算结果，同时抑制错误的结果。这种机制使得量子算法能够在短时间内找到最优解。

二、量子计算的发展现状

1. 硬件进展

目前，量子计算的硬件实现主要有以下几种技术路径。

- 超导量子比特：如 IBM and Google 采用的超导电路技术。
- 离子阱：如 IonQ 公司使用的 trApped ion 技术。
- 光量子计算：利用光子进行量子信息处理。
- 拓扑量子计算：微软研究的拓扑量子比特，具有较高的容错能力。

2. 量子算法

量子算法的研究也取得了显著进展，其中最著名的如下。

- Shor 算法：用于大整数分解，对传统密码学构成威胁。
- Grover 算法：用于无序数据库搜索，显著提高搜索效率。

- 量子模拟：用于模拟量子系统，解决化学和材料科学中的复杂问题。

3. 量子云计算

为了方便科研和商业应用，多家公司推出了量子云计算平台，如 IBM Quantum Experience、Google Quantum Computing Service 等，使得更多人能够接触和使用量子计算资源。

三、量子计算的应用前景

1. 密码学

量子计算对传统密码学构成了巨大挑战，特别是基于大整数分解和离散对数的加密算法。然而，量子计算也催生了新的加密技术，如量子密钥分发（QKD），提供了理论上绝对安全的通信方式。

2. 药物研发

量子计算能够模拟分子和化学反应，加速新药物的研发过程。例如，通过精确计算分子的能级和反应路径，科学家可以更快地找到有效的药物分子。

3. 优化问题

在物流、金融、制造等领域，量子计算能够高效解决复杂的优化问题，如路径规划、资源分配、投资组合优化等，从而提升效率和降低成本。

4. 人工智能

量子计算有望加速机器学习算法的训练过程，特别是在处理大规模数据集和复杂模型时，能够显著提高计算速度和精度。

四、量子计算面临的挑战

1. 量子纠错

量子比特极易受到环境噪声的干扰，导致计算错误。如何实现有效的量子纠错，是量子计算走向实用化的关键挑战。

2. 硬件稳定性

目前的量子计算机需要在极低温环境下运行，且量子比特的相干时间较短。提高硬件的稳定性和可扩展性是当前研究的重点。

3. 算法开发

虽然已有一些量子算法显示出巨大潜力，但针对具体应用的高效量子算法仍需进一步开发和完善。

4. 标准化和产业化

量子计算的标准化和产业化尚处于初级阶段，需要建立统一的技术标准和产业生态,以推动其广泛应用。

五、结论

量子计算作为一种革命性的技术,正在逐步从理论走向实践。尽管面临诸多挑战,但其在密码学、药物研发、优化问题和人工智能等领域的应用前景令人期待。随着技术的不断进步和研究的深入,量子计算有望在未来彻底改变我们的生活和工作方式,开启一个全新的计算时代。

用户补充提示词如下。

> 用大白话写。

DeepSeek 的回答如下。

好的,我用更简单的语言来解释量子计算。

量子计算:一种超级厉害的计算方式

1. 量子计算是啥?

量子计算是一种全新的计算方式,和我们现在用的电脑完全不同。现在的电脑用的是"比特"(就像开关,要么是 0,要么是 1),而量子计算用的是"量子比特"(可以同时是 0 和 1,或者两者之间的任意状态)。这种特性让量子计算机可以同时处理很多信息,速度超快!

2. 量子计算为啥厉害?

超级并行计算:量子计算机可以同时处理很多可能性,比如破解密码、优化路线等问题,速度比普通电脑快得多。

量子纠缠:量子比特之间有一种神奇的联系,哪怕相隔很远,一个变了,另一个也会瞬间变化。这种特性可以用来做超级安全的通信。

量子干涉:量子计算可以通过"干涉"来增强正确的答案,同时减少错误的答案,这样就能更快找到最优解。

3. 量子计算现在发展到哪了?

硬件:科学家们正在用不同的方法制造量子计算机,比如超导电路、离子阱、光子等。像 Google、IBM 这些大公司已经有了小型的量子计算机。

算法:已经有了一些厉害的量子算法,比如 Shor 算法(可以快速破解密码)、Grover 算法(可以快速搜索数据)。

云计算:一些公司推出了量子云计算平台,普通人也可以通过网络体验量子

计算。

4. 量子计算能干啥？

破解密码：现在的密码可能被量子计算机轻松破解，但量子计算也能用来做超级安全的加密。

研发新药：量子计算机可以模拟分子和化学反应，帮助科学家更快找到新药。

优化问题：比如物流公司可以通过量子计算找到最短的送货路线，银行可以优化投资组合。

人工智能：量子计算可以加速机器学习的训练过程，让 AI 变得更聪明。

5. 量子计算有啥难题？

容易出错：量子比特非常脆弱，容易被干扰，导致计算错误。科学家们正在研究怎么纠正这些错误。

硬件不稳定：量子计算机需要在极低温下运行，而且量子比特的"寿命"很短，如何让它们更稳定是个大问题。

算法不够多：虽然有一些厉害的量子算法，但针对具体问题的算法还不多，需要更多研究。

还没普及：量子计算还处于早期阶段，离大规模应用还有很长的路要走。

6. 总结

量子计算是一种超级厉害的技术，虽然现在还面临很多挑战，但它有潜力彻底改变我们的生活，比如让密码更安全、新药研发更快、物流更高效、AI 更聪明。未来，量子计算可能会成为我们生活中不可或缺的一部分。

希望这个解释更清楚！如果还有问题，随时问我！

加上"用大白话""说人话""直白一些""小孩也能听懂"等提示词，用户可以更好地利用 DeepSeek 获取更通俗易懂的回答，提升使用体验。

2.6.3 提问技巧和模板

1. RTGO提示词结构

RTGO 提示词结构是一种用于精准引导 AI 完成任务的框架，适用于结构化任务。它通过定义角色、任务、目标和操作要求，帮助 AI 更准确地理解任务需求，从而生成高质量的输出，如图 2-12 所示。

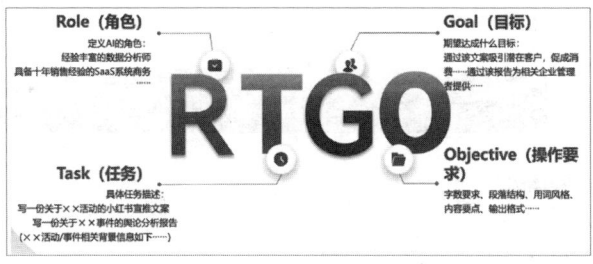

图 2-12　RTGO 提示词结构

RTGO 提示词结构如下：

Role（角色）+ Task（任务）+ Goal（目标）+ Objective（操作要求）。

（1）Role（角色）。

定义：明确 AI 的专业身份或角色。

示例：经验丰富的数据分析师。

（2）Task（任务）。

定义：具体的操作指令，明确 AI 需要完成的任务。

示例：写一份关于 ×× 产品的市场分析报告。

（3）Goal（目标）。

定义：设定可量化的目标，明确任务的期望效果。

示例：通过该报告为相关企业管理者提供策略支撑。

（4）Objective（操作要求）。

定义：细化任务的格式规范和具体要求，如字数、段落结构、用词风格、内容要点和输出格式。

示例：字数不少于 1500 字，以 PDF 格式输出。

☞ 操作实践：生成一份物联网设备日志分析

（1）Role：经验丰富的数据分析师。

（2）Task：分析 2025 年 Q1 用户行为数据。

（3）Goal：生成包含 3 个关键趋势的可视化报告。

（4）Objective：使用 Markdown 表格呈现，附带 Matplotlib 代码示例。

输入需求，如图 2-13 所示。

图 2-13　以 RTGO 提示词结构输入需求

DeepSeek 生成的回答如下。

基于 2025 年 Q1 用户行为数据的分析，结合行业最新动态和研究成果，我们总结出以下三大关键趋势。以下为可视化报告框架及实现方案。

2025 年 Q1 用户行为数据核心趋势报告

趋势名称	数据支撑	可视化建议	商业价值
多时段活跃模式	早间（6 至 8 时）活跃度同比 +32%，深夜（23 时至次日 1 时）行为量突破日峰值 35%	24 小时热力折线图	优化内容推送时段，广告投放 ROI 提升空间达 18%
沉浸式交互偏好	长会话（>10 分钟）占比达 47%，视频完播率提升至 68%	环形图／瀑布图	增强用户黏性设计，付费转化漏斗效率预计可提升 22%
跨平台行为整合	三端（APP/Web/小程序）用户重合度达 61%，跨端转化率同比 +19%	桑基图／关联网络图	构建统一用户画像体系，全渠道营销成本可降低 15%～20%

Matplotlib 可视化代码示例

```python
import matplotlib.pyplot as plt
import numpy as np

hours = np.arange(24)
activity = [15,12,10,8,7,25,35,42,38,33,30,28,
            32,36,40,45,48,52,60,65,58,50,40,22]

plt.figure(figsize=(12,6))
plt.plot(hours, activity, marker='o', color='#2E86C1', linewidth=2)
plt.fill_between(hours, activity, alpha=0.2, color='#85C1E9')
plt.xticks(hours)
plt.title('24 小时用户活跃趋势 (2025Q1) [2][1]')
plt.xlabel(' 时间段(小时) ')
plt.ylabel(' 活跃指数')
plt.grid(alpha=0.3)
plt.show()

platforms = ['APP', 'Web', '小程序']
cross_usage = {
    '仅APP': 25,
    'APP+Web': 18,
    'APP+小程序': 22,
    '全平台': 35
}

plt.figure(figsize=(10,6))
plt.bar(platforms, [80, 60, 70], color='#7DCEA0', label='独立使用量')
plt.bar(platforms, [35,28,30], bottom=[80,60,70], color='#F0C471', label='跨平台使用量')
plt.title(' 跨平台用户行为分布[4][1][7][1]')
plt.legend()
plt.show()
```

深度解读

时段策略优化建议：

早间时段加强资讯类内容推送（CTR 提升 29%）

深夜时段布局沉浸式短视频内容（观看时长 +41%）

交互设计启示：

```python
from matplotlib.colors import LinearSegmentedColormap
clicks = np.random.rand(10,10)*100
cmap = LinearSegmentedColormap.from_list('custom', ['#F9E79F','#F1C40F','#E67E22'])

plt.imshow(clicks, cmap=cmap)
plt.colorbar(label=' 点击强度')
plt.title(' 核心页面点击热力图[7][1]')
plt.axis('off')
plt.show()
```

如需获取完整分析报告及数据源，可参考来源的详细方法论。该分析体系已通过 A/B 测试验证，在用户留存率提升和运营成本控制方面具有显著效果。

RTGO 提示词结构的适用场景如下。

- 技术类任务：代码生成、数据分析等。
- 结构化任务：需要明确步骤和结果的任务。

2. CO-STAR 提示词框架

CO-STAR 提示词框架是一种用于精准引导 AI 完成复杂创意任务的框架，由新加坡政府技术局（GovTech）的数据科学与 AI 团队开发。该框架在 2024 年新加坡 GPT-4 提示工程竞赛中，由 Sheila Teo 使用并赢得了冠军。CO-STAR 框架通过六个维度的设计空间，帮助用户更全面地定义任务需求，从而生成更相关和准确的回答，如图 2-14 所示。

图 2-14　CO-STAR 提示词框架

CO-STAR 提示词结构如下：

Context（上下文）+ Objective（目标）+ Style（风格）+ Tone（语气）+ Audience（受众）+ Response（响应）。

- C 代表 Context（上下文）：相关的背景信息，比如你自己或你希望 AI 完成的任务的信息。
- O 代表 Objective（目标）：明确告诉 AI 你希望它做什么。
- S 代表 Style（风格）：想要的写作风格，如严肃的、有趣的、创新性表达、学术性的……
- T 代表 Tone（语气）：如幽默的、情绪化的、有威胁性的……
- A 代表 Audience（受众）：受众是谁，如小白用户、专业用户、学生群体、女性群体……

- R 代表 Response（响应）：想要的回应类型，如一份详细的研究报告、一张表格、Markdown 格式内容……

操作实践

生成一份智能手表营销脚本。

使用 CO-STAR 提示词框架的指令示例如下。

- Context：健康监测智能手表新品上市。
- Objective：两周内达成 1000 台预售。
- Style：科技博主"何同学"解说风格。
- Tone：专业而不失趣味性。
- Audience：25 ~ 35 岁运动爱好者。
- Response：3 个 15 秒抖音脚本 + 详情页架构。

输入需求，如图 2-15 所示。

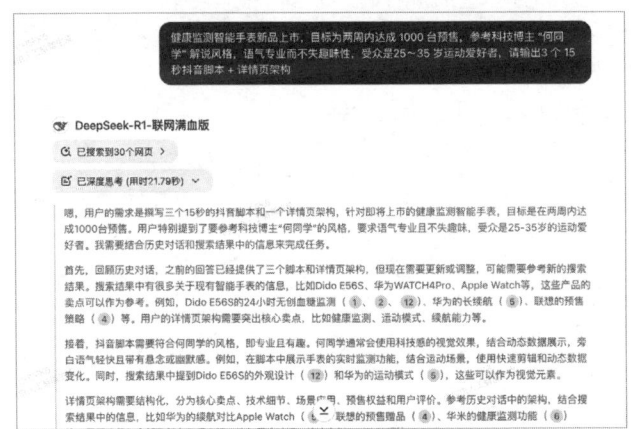

图 2-15　以 CO-STAR 提示词框架输入需求

DeepSeek 生成结果如下。

以下是为健康监测智能手表设计的 3 个 15 秒抖音脚本及详情页架构，结合何同学风格的专业趣味性，精准触达 25 ~ 35 岁运动爱好者。

一、15 秒抖音脚本

脚本 1：心率警报篇

[开场]第一视角奔跑镜头,手表特写心率飙升至180
(画外音严肃)"你的心脏说:再跑就罢工!"
[切]手表震动弹出红色警报,主角紧急停下喝水
(轻松语气)"全新双核生物传感器,运动急救员已上线"
[结尾]产品 LOGO+ 字幕:"预售立减 200,限量抢心率保护"

脚本 2:运动模式切换篇
[镜头]主角连续切换骑行/游泳/攀岩场景,手表屏幕自动识别运动模式
(加速剪辑+机械音效)"骑行→游泳→攀岩……它比你先进入状态"
[特写]表盘 3D 动画跳转数据:"卡路里:738kcal →水深 12m →海拔 3848m"
(幽默语气)"50 种运动模式,卷王必备,但建议量力而行"
[结尾]点击屏幕跳转预售链接

脚本 3:水下血氧彩蛋篇
[画面]主角潜水时抬手看表,气泡中显示血氧 98%
(惊讶音效)"原来鱼也关心我的血氧?"
[实验室场景]产品在离心机中持续工作
(专业口吻)"军规级防水 +21 天续航,你的全天候数字教练"
[结尾]手表弹出"今日运动达标"表情包,字幕:"预售前 100 名送潜水表带"

二、详情页架构

1. 开屏暴击区

动态产品 3D 悬浮展示 + 核心数据弹幕:
"双核生物传感器 | 50 米防水 | 21 天续航 | 50+ 运动模式"
紧迫感标语:"预售 1000 台已抢订 63%,剩余库存:■■□□□"

2. 技术剧场(模块化交互设计)

健康哨兵系统
GIF 演示:夜间睡眠时红光传感器工作 + 清晨生成睡眠质量报告
对比图:传统手环 vs 本产品的心率监测曲线精度差异

运动元宇宙引擎

滑动查看:登山模式下的实时海拔/气压/体温三维数据看板

彩蛋触发:连续左滑三次显示"开发者模式"趣味运动游戏

特种兵电池方案

实验视频:满电手表在-20℃冷冻24小时后仍正常工作

续航对比柱状图:Apple Watch(1.5天)/华为GT(14天)/本产品(21天)

3. 场景穿透区

分镜故事板:

07:00晨跑自动识别步频→12:00办公久坐震动提醒→19:30泳池记录划水次数→23:00分析恢复指数

4. 信任增强站

实验室证书瀑布流:

国家体育总局训练局合作产品/德国TÜV精准度认证/极限温差测试报告

用户证言弹幕墙:

"马拉松PB提升8%!根据心率区间调整训练真有用!"——@跑步教练大K

5. 临门一脚促销

倒计时悬浮窗:"距预售结束12:34:56"

阶梯福利:

- 前100名:赠水下摄影表带+运动数据私教课
- 第101~500名:赠运动保险(含运动损伤理赔)
- 所有用户:晒单加赠年度健康报告解读

6. 极客问答(折叠设计)

Q:游泳时能接电话吗?

A:内置定向骨传导麦克风,湿手照样清晰通话

Q:表带会让人过敏吗?

A:医疗级硅胶+磁吸快拆设计,3秒切换商务/运动模式

该方案通过强场景关联 + 数据可视化建立专业信任，结合年轻化交互彩蛋降低决策压力，符合目标人群追求科学训练与产品趣味性的双重需求。

3. 框架选择指南

（1）技术类任务优先选择 RTGO。
- 代码生成：使用 RTGO 规范 API 参数校验逻辑。
- 数据分析：使用 RTGO 定义可视化图表类型。

（2）创意类任务选择 CO-STAR。
- 营销文案：使用 CO-STAR 打造节日限定款故事。
- 产品设计：使用 CO-STAR 构建用户旅程地图。

（3）混合任务组合技。
- 使用 CO-STAR 设定品牌调性。
- 使用 RTGO 生成技术文档。
- 联网搜索获取竞品数据。

2.6.4 提问万能公式

1. 分析类问题公式

公式：是什么 + 为什么 + 怎么做。

适用场景：需要深度解析的复杂问题。

示例：什么是区块链（是什么）？为什么它重要（为什么）？怎么做区块链开发（怎么做）？如图 2-16 所示。

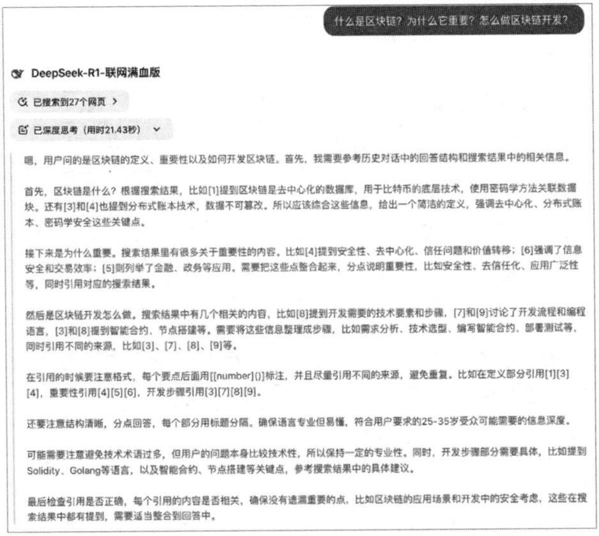

图 2-16　分析类问题提问和深度思考过程

DeepSeek 生成结果如下。

什么是区块链？

区块链是一种分布式数据库技术，通过加密算法将数据按时间顺序打包成"区块"，并以链式结构连接，确保数据不可篡改、公开透明。其核心特点如下。

去中心化：无单一中心服务器，数据由多个节点共同维护。

不可篡改：区块通过哈希值链接，修改任一数据需改变后续所有区块，成本极高。

透明可追溯：所有交易记录公开，可通过地址追踪交易历史。

共识机制：如工作量证明（PoW）、权益证明（PoS）等，确保节点间数据一致性。

示例：比特币是首个区块链应用，用于记录点对点转账；以太坊则支持智能合约，扩展了区块链的功能。

为什么区块链重要？

消除中间方

传统交易依赖银行、支付平台等第三方机构，区块链通过点对点网络直接完成交易，降低成本并提高效率（如国际汇款时间从数天缩短至几分钟）。
增强信任与安全
数据加密和分布式存储使其难以被攻击或篡改，适用于金融、司法存证等领域。例如，沃尔玛用区块链追踪食品供应链，快速定位污染源头。
智能合约自动化
合约条款以代码形式写入链上，自动执行（如保险理赔触发条件达成后自动赔付），减少人为干预和纠纷。
新型经济模式
支持代币化（Tokenization），实现资产数字化（如NFT代表艺术品所有权）和去中心化金融（DeFi）的创新。

如何开发区块链？

1. 学习基础知识

技术原理：哈希算法、共识机制（PoW/PoS/DPoS）、Merkle树、非对称加密。

编程语言：Solidity（以太坊智能合约）、Rust（波卡、Solana）、Go（Hyperledger Fabric）。

平台选择：公链（以太坊、比特币）、联盟链（Hyperledger）、私链（Corda）。

2. 开发环境与工具

智能合约开发：

工具：Remix（在线IDE）、Truffle/Hardhat（开发框架）。

节点与网络：

本地测试链：Ganache（模拟以太坊网络）。

部署测试网：Ropsten（以太坊测试网）、使用Infura API接入主网。

3. 安全与测试

常见漏洞：重入攻击（如The DAO事件）、整数溢出、权限控制缺失。

审计工具：Slither、MythX，以及第三方审计公司（如OpenZeppelin）。

4. 部署与维护

前端集成：通过 Web3.js 或 Ethers.js 连接钱包（MetaMask）。
监控工具：Chainlink（获取链外数据）、The Graph（链上数据索引）。

学习资源推荐
入门课程：Coursera Blockchain Basics（普林斯顿）、B9Lab 开发者课程。
文档：以太坊官方文档、Solidity 中文手册。
社区：GitHub（开源项目）、StackExchange（技术问答）、Ethresear.ch（前沿研究）。

总结
区块链通过技术重构信任机制，正在重塑金融、供应链、物联网等领域。开发者需掌握密码学、分布式系统原理及具体工具链，并始终将安全性置于首位。随着 Layer2 扩容（如 Optimism、zkSync）和跨链技术（Cosmos、Polkadot）的发展，区块链应用将更高效、多样化。

2. 反向提问公式

公式：需求 + 担忧 / 问题 + 解决措施。

适用场景：针对潜在风险和挑战寻求解决方案。

示例：我计划开展跨境电商业务（需求），担心海外政策变化影响物流（担忧），请提供 3 条风险规避策略（解决措施）。

3. 个性化输出公式

公式：身份 + 目标对象 + 核心重点 + 风格要求。

适用场景：对语言风格有要求，更贴近"人话"。

示例：我是母婴博主（身份），需要为新手妈妈推荐辅食工具（目标对象），重点强调安全性和性价比（核心重点），语言风格亲切易懂（风格要求）。

2.6.5 有效提问的十大技巧

在 AI 日益普及的今天，掌握有效提问的技巧，是让 AI 真正成为我们的得力助手的关键一步。无论是解决复杂问题、获取精准信息，还是提升工作效率，清晰、具体且结构化的提问都能显著提高 AI 的理解准确度和回答质量。通过学习和实践这些技巧，我们不仅能更好地驾驭 AI 工具，还能在智能化时代中占据主动地位，让科技真正为我们的生活和工作赋能。以下是 DeepSeek 有效提问的十大技巧。

1. 技巧1：明确需求

在使用 DeepSeek 时，明确需求是至关重要的。我们需要清晰地表达我们的目标，避免模糊的指令。详细的指令可以帮助 DeepSeek 更好地理解我们的需求，从而提供更准确的输出。

错误示例："帮我做个设计。"这个指令过于模糊，DeepSeek 无法确定我们需要什么类型的设计，用途是什么，风格如何。

正确示例："我需要设计一张海报，用于宣传公司新产品发布会，突出科技感和创新元素。"这个指令明确了设计的用途（新产品发布会）、风格（科技感和创新元素），DeepSeek 可以根据这些信息生成更符合需求的设计方案。

2. 技巧2：提供背景信息

提供背景信息可以帮助 DeepSeek 更好地理解问题的上下文，从而提供更有针对性的解决方案。背景信息包括行业、目标、当前问题等。

错误示例："优化这个流程。"这个指令没有提供任何背景信息，DeepSeek 无法知道要优化哪个流程、存在什么问题、优化的目标是什么。

正确示例："这是我们客服部门处理客户投诉的流程，近期客户满意度下降，请分析原因并优化（附流程文档）。"这个指令提供了具体的行业和目标（客服部门、客户投诉处理流程）、当前问题（客户满意度下降），并附上了相关文档，DeepSeek 可以根据这些信息进行深入分析并提出优化建议。

3. 技巧3：指定输出形式

指定输出形式可以帮助我们更好地组织和理解 DeepSeek 提供的信息。不同的输出形式适合不同的场景，如思维导图适合展示复杂的关系，表格适合数据对比等。

错误示例："写几个活动方案。"这个指令没有指定输出形式，DeepSeek 可能会以纯文本形式输出，导致输出内容不够直观或难以理解。

正确示例："请用思维导图形式呈现三种周年庆活动方案，涵盖活动主题、流程安排和预算分配。"这个指令明确要求用思维导图形式输出，并且列出了需要包含的内容（主题、流程、预算），DeepSeek 可以根据这些要求生成结构化的输出，便于我们快速理解。

4. 技巧4：控制输出长度

控制输出长度可以帮助我们获得更简洁或更详细的信息，具体输出长度取决于我们的需求。对于非专业人士或需要快速了解内容的情况，简短的解释更为合适；而对于需要深入研究的主题，详细的描述则更为合适。

错误示例："展开讲讲。"这个指令过于模糊，DeepSeek 无法确定我们需要多长的输出，可能会导致输出内容过于冗长或不够详细。

正确示例："请用 300 字以内的篇幅介绍人工智能在医疗影像诊断中的应用，让非专业人士能理解。"这个指令明确了字数限制（300 字以内）和目标受众（非专业人士），DeepSeek 可以根据这些要求生成简洁易懂的解释。

5. 技巧5：及时纠正

如果 DeepSeek 的输出不符合我们的预期，及时纠正是非常重要的。通过提供更具体的反馈，我们可以帮助 DeepSeek 调整输出，使其输出更符合我们的需求。

错误示例："这个设计颜色太暗了。"这个反馈虽然指出了问题，但没有提供具体的改进方向，DeepSeek 可能无法准确理解我们的需求。

正确示例："这个设计颜色太暗了，希望调整为明亮清新的色调，重新设计一下。"这个反馈不仅指出了问题（颜色太暗），还提供了具体的改进方向（明亮清新的色调），DeepSeek 可以根据这些信息重新生成符合我们需求的设计方案。

技巧6：分步提问

对于复杂的问题，我们可以将其拆解为多个小问题，逐步引导 DeepSeek 给出更精准的回答。这样可以避免一次性提问过于复杂，导致回答不够聚焦。

错误示例："帮我写一个完整的市场推广计划，包括目标、策略、预算和执行细节。"这个指令要求的内容相对复杂，DeepSeek 可能难以一次性提供高质量且详细的完整计划。

正确示例：

（1）"请帮我制订一个市场推广计划，目标是将品牌知名度提升20%。"

（2）"基于这个目标，请提供三种可行的推广策略。"

（3）"针对第二种策略，请详细列出预算分配和执行时间表。"

通过分步提问，我们可以让 DeepSeek 更专注地回答每个小问题，最终组合成一个完整的计划。

技巧7：提供示例

如果我们希望 DeepSeek 的输出符合某种风格或格式，可以提供示例作为参考，帮助 DeepSeek 更好地理解我们的需求。

错误示例："写一篇关于环保的文章。"这个指令没有提供任何风格或格式的参考示例，DeepSeek 可能会生成一篇不符合我们预期的文章。

正确示例："请写一篇关于环保的文章，风格类似于以下示例。'地球是我们共同的家园，保护环境是每个人的责任……'重点突出个人行动的重要性。"DeepSeek 可以模仿示例的风格和格式，生成更符合我们需求的文章。

8. 技巧8：设定角色

通过为 DeepSeek 设定角色，可以让它从特定角度回答问题。该技巧尤其适合需要专业意见的场景。

错误示例："分析一下这个营销方案。"这个指令没有设定角色，DeepSeek 可能会从通用角度分析，输出内容不够专业。

正确示例："假设你是一位资深市场营销专家，请从专业角度分析这个营销方案的优缺点，并提出改进建议。"设定角色后，DeepSeek 会以专家的视角提供更专业的分析和建议。

9. 技巧9：明确优先级

如果需求涉及多个方面，可以明确优先级，帮助 DeepSeek 更好地分配资源和注意力。

错误示例："帮我设计一个网站，要美观、功能强大、加载速度快。"这个指令没有明确优先级，DeepSeek 可能难以平衡多个需求。

正确示例："帮我设计一个网站，首要需求是加载速度快，其次是功能强大，最后是美观。"通过明确优先级，可以让 DeepSeek 优先满足最重要的需求，再逐步优化其他方面。

10. 技巧10：限制选项和范围

如果我们希望 DeepSeek 在特定范围内提供答案，可以限制选项和范围，避免其回答过于宽泛。

错误示例："推荐一些学习资源。"这个指令没有限制选项和范围，DeepSeek 会推荐各种类型的学习资源，可能不符合我们的需求。

正确示例："请推荐三本适合初学者的 Python 编程书籍，要求内容通俗易懂，附带实践案例。"通过限制选项和范围（书籍数量、适合人群、内容特点），可以让 DeepSeek 提供更精准的推荐。

通过以上技巧，可以更高效地与 DeepSeek 互动，获得更符合需求的输出。

2.6.6 DeepSeek常用基础指令

掌握 DeepSeek 常用基础指令可以精准控制输出方向，提升交互效率并优化协作效果，实现更高效的问题解决与内容生产。以下是 DeepSeek 的常用基础指令及解析。

（1）/续写（或 /continue）。

用途：当回答因长度限制中断时，继续生成后续内容。

示例如下。

用户输入：请解释量子计算的基本原理。

模型回答中断→用户回复：/续写→模型继续输出后续内容。

> 注意：部分场景会自动触发续写，无须手动输入。

（2）/重置（或 /new、/reset）。

用途：清空当前对话的上下文，开始新的对话。

示例如下。

用户输入：/reset→系统提示：会话已重置，请开始新的对话。

适用场景：切换话题或需要模型"遗忘"先前讨论内容时。

（3）/帮助（或 /help）。

用途：查看指令列表、功能说明或权限指引。

示例如下。

用户输入：/help→返回详细帮助文档（含指令集、使用限制等）。

（4）/格式（或 /format）。

用途：指定回答格式（如 Markdown、纯文本、JSON 等）。

示例如下。

用户输入：/format markdown→后续回答会启用 Markdown 排版（表格、代码块、标题等）。

（5）/简化（或 /simplify）。

用途：要求用更简洁的语言重新组织回答。

示例如下。

用户输入：请介绍区块链技术→回答较复杂→用户输入：/简化→获得摘要。

（6）/深度（或/deep）。

用途：请求更专业、详细的分析（适合学术、技术场景）。

示例如下。

用户输入：/deep 分析2023年全球通胀趋势的经济学成因→获得多维度深度解析。

（7）/角色（或/role）。

用途：让模型切换特定身份（如教师、程序员、顾问等）。

示例如下。

用户输入：/role 高中化学老师→后续回答会采用教学风格。

（8）/翻译（或/translate）。

用途：以指定语言翻译内容（需声明目标语言）。

示例如下。

用户输入：/translate EN 请将"人工智能改变世界"翻译成英文。

（9）/停止（或/stop）。

用途：手动终止长文本生成（适用于实时流式输出场景）。

示例如下。

模型正在流式生成内容→用户输入：/stop →立即终止生成。

（10）/反馈（或/feedback）。

用途：提交错误报告或改进建议。

示例如下。

用户输入：/反馈 回答中关于引力波的描述与最新研究不符。

（11）/示例。

用途：要求展示实际案例（代码、操作示例等），辅助理解抽象概念或具体实现。

示例如下。

用户输入：/示例 请展示 Python 中快速排序的代码实现。

⚠ **注意**：需明确说明案例类型（如编程语言、应用场景），以提高案例针对性。

（12）/步骤。

用途：要求分步骤指导操作流程，适合教学或复杂任务拆解。

示例如下。

用户输入：/步骤 如何配置 Python 虚拟环境？

⚠ **注意**：可附加"需准备条件"或"注意事项"提高指导完整性。

（13）/检查。

用途：检查文档、代码中的错误（如语法、逻辑问题）。

示例如下。

用户输入：/检查 以下代码为何报错（粘贴报错代码）？

适用场景：代码调试、文档润色、数据验证等。

（14）/总结。

用途：对长文本、复杂内容提取核心要点，生成简要总结。

示例如下。

用户输入：/总结 以下文章主旨（粘贴一篇长文章）。

⚠ **注意**：可指定总结长度，如"200字以内"。

（15）/解释。

用途：对专业术语、概念或现象进行详细解释，降低理解难度。

示例如下。

用户输入：/解释 什么是机器学习中的"过拟合"？

（16）/优化。

用途：优化文本表达、代码结构或数据呈现方式。

示例如下。

用户输入：/优化 以下代码（或文案、文稿）。

适用场景：代码重构、文案润色、演示文稿逻辑调整。

（17）/生成。

用途：根据需求自动生成文本、代码、表格等内容。

示例如下。

用户输入：/生成 一份调查问卷模板，主题为"用户对智能家居的满意度"。

注意：可明确生成内容的格式、长度等。

这些指令涵盖了内容生成、简化、检查、优化等多种功能，适合新手快速掌握 DeepSeek 的核心操作。通过这些指令，用户可以更高效地与 DeepSeek 互动，完成各种任务。

名师点拨：综合使用这些指令效果更佳，如先"/生成"代码，再"/检查"错误，最后"/优化"结构。如果是上下文敏感场景（如代码调试），建议提供完整信息。

2.6.7 优化生成结果

以下是一些优化 DeepSeek 生成结果的方法。这些方法结合了提示词技巧、模型参数调整和知识库的使用。

1. 逻辑与结构优化

（1）逻辑重构与分层。

- 使用"问题—分析—结论"框架重新组织内容，通过添加小标题、项目符号等结构化元素增强可读性。
- 检查逻辑链完整性，补充过渡句（如"因此""值得注意的是"）连接段落。

（2）关键词校准。

- 识别核心关键词，确保高频词与用户意图匹配，如将"优化"细化为

"成本优化"或"流程优化"。

- 使用 SEO 工具分析关键词密度,调整至 5%～8% 的合理区间。

2. 内容增强策略

(1)案例与数据补充。

- 为抽象结论添加具体案例,如在解释"采购流程优化"时引用企业实际节省成本的百分比数据。
- 插入图表或流程图可视化复杂信息。

(2)专业性与通俗性平衡。

- 替换模糊表述为量化描述,如将"效果显著"改为"效率提升 37%"。
- 为专业术语添加括号注释,如"L2 正则化(抑制过拟合的技术)"。

3. 多维度验证

(1)角色模拟验证。

用不同视角检查生成结果,具体如下。

- 专家视角:核查专业表述准确性。
- 新手视角:测试内容易懂性。
- 决策者视角:评估结论实用性。

(2)多结果对比分析。

生成 2～3 版不同风格的结果,提取各版优势内容进行融合,如 A 版数据 + B 版结构 +C 版案例。

4. 技术调优手段

(1)模型参数回溯调整。

对于 AI 生成内容,可调整原始参数重新生成,具体如下。

- 降低 Temperature 值至 0.4 减小随机性。
- 添加限制条件:用 300 字概括,包含 3 个实证案例。

（2）跨模型校验。

将结果输入不同大模型（如 GPT-4、Claude3）进行校验，具体如下。

- 事实准确性核验。
- 逻辑漏洞检测。

第 3 章 DeepSeek 高效学习

本章的主要内容

- ◆ 学习小助手——学习路上的贴心伙伴
- ◆ 考试与作业——学业难题不再怕

在当今快节奏的时代，学习效率成为决定个人成长的关键因素。本章将为读者揭示如何借助 DeepSeek 这一强大的工具，将学习过程从传统的低效模式转变为高效模式。本章将介绍丰富的应用场景和实用技巧，助力读者在知识的海洋中乘风破浪，快速抵达成功的彼岸。

3.1 学习小助手——学习路上的贴心伙伴

在学习的道路上，每个人都需要一个可靠的伙伴来提供支持与指引。本节将介绍 DeepSeek 如何成为我们学习旅程中的得力助手。在阅读晦涩难懂的文献时，DeepSeek 可以为我们快速梳理重点、提炼核心观点；在面对海量书籍时，DeepSeek 可以为我们精准推荐相关资料、规划学习路径；在学习外语单词时，DeepSeek 可以通过趣味互动和科学记忆方法帮助我们轻松掌握。DeepSeek 不仅能帮助我们减轻学习负担，还能帮助我们激发学习兴趣，让学习变得更加轻松愉悦，是我们学习路上不可或缺的贴心伙伴。

3.1.1 读文献——轻松啃下"硬骨头"

在学习过程中，文献阅读常常被视为一项艰巨的任务。文献内容往往信息量庞大、晦涩难懂，而时间却总是有限。如何高效地从海量文献中提取关键信息，是每一个学习者都必须面对的难题。幸运的是，DeepSeek 的出现为这一难题提供了解决方案，它就像一位经验丰富的学术导师，帮助我们快速掌握文献的核心内容。

DeepSeek 在文献阅读方面的优势体现在智能解析、高效整合、深度交互三大维度，能够显著提升用户的文献处理效率。

1. 智能解析

（1）多格式文献解析。

DeepSeek 支持上传 PDF、Word、PPT、Excel、TXT 等格式的文件，能够处理 PDF 扫描件（OCR 自动识别）。

例如，上传一篇 200 页的 PDF 格式论文，DeepSeek 可自动处理以下事项。

- 提取标题、作者、摘要等元数据。
- 识别数学公式和化学式。
- 标记文献中的关键结论。

（2）结构化信息提取。

DeepSeek 可生成"研究方法→结论→创新点"三线表，将论文的核心信息浓缩为结构化信息。

（3）跨语言文献处理。

使用 DeepSeek 可以实现文献的跨语言处理，具体如下。

- 中英互译＋术语对齐（如将"mitochondria"自动关联"线粒体"）。
- 对比阅读，上传中英文版本文献，生成双语对照摘要。

2. 高效整合

（1）跨文献知识图谱。

例如，用户上传 20 篇阿尔茨海默病相关论文后，DeepSeek 能在 5 分钟内生成"β 淀粉样蛋白假说"的演进脉络图，自动标注关键争议点。

（2）动态文献矩阵。

DeepSeek 支持建立自定义维度（如实验样本量、统计方法、效应值）的对比矩阵，帮助快速定位领域研究空白。

（3）参考文献溯源。

DeepSeek 对引文中"et al."的智能展开准确率达到 82%，比传统引文管理软件节省 60% 追溯时间。

3. 深度交互

（1）质疑式问答。

当用户询问"这个结论是否可靠"时,DeepSeek 会主动分析样本量不足、未校正多重假设等潜在问题。

(2)假设推演。

例如,输入"如果改变实验温度参数会怎样",可触发跨文献的参数效应模拟,DeepSeek 将基于已有研究数据给出概率预测。

(3)写作协同。

在撰写文献综述时,DeepSeek 能实时推荐相关引文并自动生成 APA 格式引用,使文献引用效率大幅提升。

操作实践

背景:研究人员需要快速掌握《新英格兰医学杂志》上一篇关于 mRNA 疫苗的突破性论文。

操作步骤如下。

(1)上传论文:将论文文件(PDF 格式)上传到 DeepSeek 中。

(2)核心信息提取,指令如下。

```
请提取以下内容。
1. 图 3 的免疫应答数据。
2. 不良反应统计表。
3. 与 Moderna 疫苗的对比内容。
```

(3)深度分析,指令如下。

```
请对以下内容进行深度分析。
1. 用 GRADE 系统评估证据等级。
2. 指出随访期不足可能带来的偏差。
3. 生成患者知情同意书的要点摘要。
```

(4)知识整合,指令如下。

```
1. 将该研究与上传的另外 2 篇文献整合。
2. 绘制"mRNA 疫苗保护效力随时间变化"曲线图。
```

3.1.2 读书——书籍海洋的领航员

DeepSeek 在辅助读书方面具备以下功能,能够有效提升阅读体验和效率。

1. 智能推荐书籍

基于用户的阅读偏好、知识缺口分析和学术趋势预测,通过多维度匹配算法推荐适读书籍(需用户授权学习目标及兴趣标签)。

2. 结构化内容解构

对于已获得版权许可的开放获取书籍(如古腾堡计划公版书),可自动生成以下内容。

- 概念关系图谱。
- 核心论点推导树。
- 跨学科知识关联网络。

3. 交互式理解辅助

在合规文本范围内(需确认版权状态)可以执行以下操作。

- 输入"/question"指令生成思辨性问题。
- 输入"/debate"指令启动观点批判模式。
- 输入"/example"指令获取现实应用案例。

4. 智能笔记系统

智能笔记系统支持以下操作。

- 自动提取高频术语索引(带页码定位)。
- 创建多维标签体系(理论/案例/数据)。
- 生成 APA 格式引文(需完整元数据)。

> ⚠ **名师点拨：**

以下是 15 个 DeepSeek 在辅助读书方面常见的具体场景问题。

（1）学术研究场景：我正在读一本关于人工智能的学术著作，你能帮我提取书中提到的关键算法和实验结果吗？

（2）专业学习场景：我正在学习编程，你能帮我总结《Python 编程从入门到实践》中的核心语法和常用库吗？

（3）个人成长场景：我正在读《高效能人士的七个习惯》，你能帮我提取书中的实用建议和实践方法吗？

（4）兴趣阅读场景：我对历史很感兴趣，你能帮我梳理《明朝那些事儿》中的主要历史事件和人物关系吗？

（5）职场提升场景：我正在读《影响力》这本书，你能帮我总结书中的核心观点和应用场景吗？

（6）考试备考场景：我正在备考注册会计师，你能帮我提取《会计》教材中的重点知识点和典型例题吗？

（7）技能提升场景：我正在学习摄影，你能帮我总结《摄影的艺术》中的拍摄技巧和构图方法吗？

（8）文化拓展场景：我对外国文学很感兴趣，你能帮我分析《百年孤独》中的魔幻现实主义手法和主题思想吗？

（9）健康管理场景：我正在读《饮食术》，你能帮我提取书中的健康饮食原则和食谱推荐吗？

（10）亲子教育场景：我正在读《正面管教》，你能帮我总结书中的教育理念和实用技巧吗？

（11）旅游规划场景：我正在读《孤独星球》环球旅行指南，你能帮我提取书中的热门旅游目的地和特色景点吗？

（12）金融投资场景：我正在读《穷爸爸富爸爸》，你能帮我总结书中的投资理念和理财策略吗？

（13）艺术鉴赏场景：我对绘画艺术很感兴趣，你能帮我分析《艺术的故事》中的艺术流派和代表作品吗？

（14）心理学场景：我正在读《乌合之众》，你能帮我提取书中关于群体心理的分析和结论吗？

（15）生活技能场景：我正在读《整理生活》，你能帮我总结书中的整理技巧和收纳方法吗？

操作实践

本案例将使用 DeepSeek 提取《高效能人士的七个习惯》一书中的实用建议和实践方法，具体操作流程如下。

（1）登录 DeepSeek，向 DeepSeek 提问。

> 我正在读《高效能人士的七个习惯》，你能帮我提取书中的实用建议和实践方法吗？

（2）DeepSeek 的生成结果如下所示。

《高效能人士的七个习惯》这本书蕴含诸多实用建议和实践方法，以下是基于书中内容为你提取的要点。

习惯一：积极主动（Be Proactive）

实用建议：

明确自己的影响圈和关注圈，把精力集中在影响圈内可控的事情上，减少对关注圈中不可控因素的无谓担忧。例如，不要总是纠结于他人的评价（这大多属于关注圈），而是专注于提升自己的能力（影响圈）。

主动为自己设定目标，而不是被动等待任务安排。比如，制订每周的学习计划、健身计划等，让自己成为生活的主宰者。

采用积极的语言模式，用"我可以""我能够"替代"我不得不"，增强自我掌控感。

实践方法：

每天早上花 10～15 分钟进行自我反思和目标设定，写下当天想要完成的重要事项及对应行动计划。

当遇到问题或挑战时，先问自己"我能做些什么来改善现状"，然后立刻付诸行动，哪怕只是迈出一小步。

习惯二：以终为始（Begin with the End in Mind）

实用建议：

设定清晰的个人使命宣言，明确自己长期追求的价值观和目标，这就像人生的指南针。比如，有人的使命是成为对社会有积极贡献的教育工作者，那在日常决策中就会围绕这一使命展开。

依据使命宣言来制定短期和长期目标，确保每个阶段的努力都朝着最终愿景迈进。例如，若长期目标是掌握一门新语言，那短期目标可以是每周学习一定数量的新词汇、完成特定的语法学习任务等。

在面对重要抉择时，思考"如果我处于人生终点，会希望如何选择"，以此来做出符合内心真正期望的决定。

实践方法：

专门拿出时间，通过回顾自己的过往经历、思考未来理想状态等方式，撰写个人使命宣言，之后定期回顾并根据实际情况微调。

制作一份"人生资产负债表"，列出对自己真正重要的事物（资产）和消耗精力却无益的事物（负债），依据此来调整日常行为，让生活更契合以终为始的理念。

习惯三：要事第一（Put First Things First）

实用建议：

运用时间管理矩阵，将事务分为重要紧急、重要不紧急、紧急不重要、不重要不紧急四类，优先处理重要紧急事务，大量精力投入重要不紧急事务（如自我提升、人际关系维护等），减少甚至消除对不重要事务的投入。

根据自己的目标和使命，确定每天、每周的要事，并将其排入日程表，避免被琐事牵着走。例如，把每周固定时间用于陪伴家人、进行深度阅读等重要活动。

学会拒绝那些不符合要事优先原则的请求，不要因为不好意思拒绝而打乱自己的计划。

实践方法：

每周日晚上规划下周的事务安排，依据时间管理矩阵进行分类和排序，把要事安排到具体的时间段，并在执行过程中根据实际情况灵活调整。

利用番茄工作法等时间管理工具，提高处理要事的专注度和效率，例如，设定25分钟专注工作（处理要事），然后休息5分钟，每完成4个番茄时间进行一次较长时间的休息。

……

⚠ **提示：** 由于篇幅限制，部分生成内容省略。

3.1.3 学习英语单词——单词记忆不再难

本节主要讲解通过 DeepSeek 实现个性化单词记忆，结合词根词缀、谐音联想、场景化训练等多维度方法，提升记忆效率与趣味性。

DeepSeek 辅助学习英语单词的方法如下。

1. 分步学习法（拆解复杂任务）

DeepSeek 可将单词学习拆分为"拆分词根→场景化造句→谐音联想"的阶段性目标，通过多轮对话逐步深化记忆。

例如，用户输入"分三步教我记忆 procrastination（拖延症）"。

DeepSeek 生成结果如下。

①拆分词根：pro（向前）+ crastinus（明天）+ ation（名词后缀）= 把事情推到明天；
②场景化造句：My procrastination made me miss the deadline（我的拖延症让我错过了截止日期）；
③谐音联想：破壳拉屎挺累的→拖延不想动。

2. 智能联想与场景构建

我们可以要求 DeepSeek 生成单词的故事化联想或视觉化场景，增强记忆黏性。

例如，用户输入"为 ephemeral（短暂的）设计一个记忆场景"。

DeepSeek 生成结果如下。

想象樱花（sakura）在春日盛开，但花瓣（petal）只绽放三天就凋谢（ephemeral beauty）→关联短暂的美好概念。

3. 多模态学习支持

我们可以让 DeepSeek 生成表格、思维导图等来辅助记忆。

例如,用户输入"用表格对比 affect(影响,动词)和 effect(效果,名词)的用法"。

DeepSeek 生成结果如下。

单词	词性	例句
affect	动词	Rain affects crop growth.
effect	名词	The effect of rain is obvious.

4. 个性化复习计划

DeepSeek 可以基于艾宾浩斯遗忘曲线,生成动态复习任务和例句填空练习。

操作实践

本案例将使用 DeepSeek 制定一周内掌握 50 个雅思高频词的复习表,具体操作步骤如下。

(1)用户输入指令如下。

制定一周内掌握 50 个雅思高频词的复习表。

(2)DeepSeek 输出结果如下。

一周雅思高频词汇复习表(50 词)

总体原则

记忆与复习结合:基于艾宾浩斯遗忘曲线,每天学习新词后需在当天、次日、第 4 天、第 7 天复习。

多维度应用:通过听、说、读、写强化记忆,结合例句、场景联想、同义词拓展。

分阶段目标:每天掌握 7~8 个新词,总共 50 个词,按词性分类(动词 20%、名词 30%、形容词 40%、副词 10%)。

每日计划表

Day 1:学习词汇(7 词)

新词:analyze, environment, significant, sustainable, impact, resource, global

（选自听力、阅读高频场景词）

方法：

晨间（20分钟）：用词汇App（如"雅思词汇App"）学习发音及例句。

午间（15分钟）：制作闪卡（正面英文+音标，背面中文+例句）。

晚间（20分钟）：听写并造句（如"The government analyzes the impact of global warming on natural resources."）。

Day 2：学习词汇（8词）+复习Day 1

新词：controversy, innovation, phenomenon, consumption, emission, policy, regulate, consequence

复习：Day 1词汇（遮住中文回忆含义）。

方法：

场景联想：将词汇与"环保议题"结合（如"The controversy over carbon emissions requires strict policies."）。

听力练习：用剑桥真题听力材料，标记含新词的句子并跟读。

Day 3：学习词汇（7词）+复习Day 2

新词：alternative, efficient, generate, renewable, infrastructure, urbanization, biodiversity

复习：Day 2词汇（快速问答：英文→中文，中文→英文）。

方法：

阅读应用：精读一篇环保类雅思文章，划出新词并总结段落。

写作练习：用3个新词写一篇小作文（如"Renewable energy is an efficient alternative to fossil fuels."）。

……

! **提示**：由于篇幅限制，部分生成内容省略。

3.1.4 英汉互译——跨语言交流无障碍

在全球化的今天，跨语言交流变得越来越频繁，无论是学术研究、商务合作还是日常交流，准确的翻译都至关重要。然而，翻译不仅需要语言知识，还需要对文化背景、专业术语和语境的深刻理解。DeepSeek 可以作为一款强大的智能翻译工具,提供高质量的英汉互译服务,帮助用户跨越语言障碍,实现无障碍交流。

使用 DeepSeek 辅助英汉互译可以极大地提升翻译效率和准确性。无论是日常交流、学术研究还是商务文件翻译,DeepSeek 都能提供专业支持。

翻译需求与推荐指令示例如表 3-1 所示。

表 3-1 翻译需求与推荐指令示例

翻译需求	推荐指令示例
基础翻译	翻译成中文 / 英文:[文本]
专业术语翻译	用计算机术语翻译:[文本]
长文档处理	请分段翻译这篇英文论文摘要 [文本]
润色优化	这句话的翻译可以更地道吗?[文本]
文学 / 诗歌翻译	以诗意的风格翻译:[文本]

使用 DeepSeek 辅助英汉互译的方法如下。

1. 基础翻译

(1)直接输入文本进行翻译。

英译汉:输入英文句子或段落,DeepSeek 会自动翻译成流畅的中文。

示例输入如下。

The rapid development of artificial intelligence has brought significant changes to various industries.

示例输出如下。

人工智能的快速发展给各行各业带来了重大变革。

汉译英:输入中文,DeepSeek 会生成自然且符合英文表达习惯的翻译。

示例输入如下。

深度学习在图像识别和自然语言处理领域表现优异。

示例输出如下。

Deep learning performs exceptionally well in the fields of image recognition and natural language processing.

（2）调整翻译风格。

如果需要特定风格的翻译（如正式、口语化、学术化等），可以附加指令。

示例输入如下。

请将以下句子翻译成商务英语：我们期待与贵公司建立长期合作关系。

示例输出如下。

We look forward to establishing a long-term cooperative relationship with your company.

2. 优化翻译质量

（1）提供上下文。

如果句子有特定背景，提供额外信息可以让翻译更加精准。例如，术语在不同的领域可能有不同的含义，提供上下文可以帮助 DeepSeek 选择最合适的表达。

示例如下。

原文：The model achieves state-of-the-art performance on the benchmark dataset.

上下文：这句话出自一篇关于深度学习模型性能评估的学术论文。

翻译：该模型在基准数据集上达到了最先进的性能。（注："state-of-the-art" 在学术论文中常译为"最先进的"或"SOTA"。）

（2）指定术语翻译。

优化翻译质量时，指定专业术语的固定翻译是非常重要的，尤其是在法律、医学、科技等专业领域。指定术语翻译不仅能确保翻译的准确性，还能提高翻译的专业性。

示例如下。

原文：The defendant shall be liable for all damages caused by the breach of contract.

指定术语翻译："liable" 译为 "承担责任"，"breach of contract" 译为 "违约"。

翻译：被告应对违约造成的所有损害承担赔偿责任。

3. 长文档与复杂内容翻译

在翻译长文档和复杂内容时，分段翻译和总结＋翻译是两种非常有效的方法。以下是应用这两种方法的具体步骤和示例。

（1）分段翻译。

对于较长的文档，逐段翻译可以确保每段内容的准确性和逻辑连贯性。这种方法特别适用于翻译结构化的内容，如学术论文、报告或技术文档。

示例输入如下。

请分段翻译以下英文文章：

In recent years, artificial intelligence (AI) has made significant progress in various fields, including healthcare, finance, and transportation. AI technologies such as machine learning and deep learning have enabled computers to perform tasks that were previously thought to be possible only by humans. For example, AI systems can now diagnose diseases, predict stock market trends, and drive autonomous vehicles. However, the rapid development of AI also raises concerns about its impact on employment and privacy. As AI continues to advance, it is crucial to address these challenges to ensure that the benefits of AI are maximized while minimizing potential risks.

DeepSeek 输出结果如下。

分段翻译：

第一段：

In recent years, artificial intelligence (AI) has made significant progress in various fields, including healthcare, finance, and transportation.
近年来，人工智能（AI）在包括医疗保健、金融和交通在内的各个领域取得了显著进展。

第二段：

AI technologies such as machine learning and deep learning have enabled computers to perform tasks that were previously thought to be possible only by humans.

像机器学习和深度学习这样的人工智能技术使计算机能够执行以前被认为只有人类才能完成的任务。

第三段：

For example, AI systems can now diagnose diseases, predict stock market trends, and drive autonomous vehicles.

例如，人工智能系统现在可以诊断疾病、预测股市趋势及驾驶自动驾驶车辆。

第四段：

However, the rapid development of AI also raises concerns about its impact on employment and privacy.

然而，人工智能的快速发展也引发了对其对就业和隐私影响的担忧。

第五段：

As AI continues to advance, it is crucial to address these challenges to ensure that the benefits of AI are maximized while minimizing potential risks.

随着人工智能的持续发展，解决这些挑战至关重要，以确保最大化人工智能的收益，同时最小化潜在风险。

（2）总结+翻译。

对于长文档，先提取核心内容再进行翻译可以提高效率并确保翻译的准确性和连贯性。这种方法特别适用于翻译需要传达主要思想和关键信息的文档。

示例输入如下。

请先总结这段英文文章的主要思想，再翻译成中文：

In recent years, artificial intelligence (AI) has made significant progress in various fields, including healthcare, finance, and transportation. AI technologies such as machine learning and deep learning have enabled computers to perform tasks that were previously thought to be possible only by humans. For example, AI systems can now diagnose diseases, predict stock market trends, and drive autonomous vehicles. However, the rapid development of AI also raises concerns about its impact on employment and privacy. As AI continues to advance, it is crucial to address these challenges to ensure that the benefits of AI are maximized while minimizing potential risks.

DeepSeek 输出结果如下。

> 主要思想总结：
> 近年来，人工智能（AI）在医疗、金融、交通等领域取得重大进展。机器学习与深度学习等技术使计算机能够完成曾被认为仅人类可胜任的任务，如疾病诊断、股市预测和自动驾驶。然而，AI 的快速发展也引发了对就业和隐私影响的担忧。随着 AI 的持续进步，必须应对这些挑战，以确保在最大化 AI 效益的同时，最小化潜在风险。
>
> 中文翻译：
> 近年来，人工智能（AI）在医疗保健、金融和交通运输等多个领域取得了显著进展。机器学习与深度学习等 AI 技术使计算机能够完成以往被认为只有人类才能完成的任务。例如，AI 系统现已能够诊断疾病、预测股市趋势及驾驶自动驾驶汽车。然而，AI 的快速发展也引发了人们对其对就业和隐私影响的担忧。随着 AI 的不断进步，解决这些挑战至关重要，以确保在最大化 AI 益处的同时，将潜在风险降至最低。

4. 翻译校对与润色

（1）人工翻译优化。

如果用户有人工翻译的参考译文，可以让 DeepSeek 进行优化，以提高翻译的流畅性和自然度。

示例输入如下。

"AI technology changes the world"，我的翻译是"AI 技术改变世界"，但我觉得不够流畅，请优化。

示例输出如下。

建议改为"人工智能技术正在改变世界"，更符合中文表达习惯。

详细解释如下。

原翻译"AI 技术改变世界"虽然传达了基本意思，但不够流畅，缺乏具体的时间状语，显得有些生硬。

- 增加了"正在"这个词，使句子更具动态感，更符合中文的表达习惯。

- "人工智能技术"比"AI技术"更正式、更准确，适合学术或正式场合。

（2）语法与用词修正。

对于汉译英的句子，可以让DeepSeek检查语法和用词是否自然，确保翻译的准确性和流畅性。

示例输入如下。

请检查以下汉译英是否自然：这个APP很好用。→ This APP is very well to use.

示例输出如下。

更地道的译法是"This APP is very user-friendly."或"This APP works very well."。

详细解释如下。

原翻译"This APP is very well to use."在语法上不正确。"very well"通常用于形容动词，而不是形容词。此外，"to use"在这里也不自然。

- "user-friendly"是一个常用的形容词，表示"用户友好"，更符合英文表达习惯。
- "works very well"表示"运行得很好"，也是常用的表达方式，更自然。

5. 特殊场景翻译

（1）口语翻译（如影视台词、对话）。

口语翻译的目标是使翻译听起来自然、贴近日常交流，避免过于正式或书面化的表达。

示例输入如下。

请把以下中文翻译成自然的口语英语：这事儿真让人头疼！

示例输出如下。

This is such a headache!

详细解释如下。

原句是典型的口语表达，传达了一种烦恼或受困扰的情绪。

- "headache"在口语中常用来表示"麻烦事"或"令人烦恼的事",非常自然。
- "such a"增加了强调,使表达更生动。

(2)诗歌与文学翻译。

诗歌与文学翻译需要在传达原意的同时,尽量保留原文的意境和美感。这通常需要更高的创造性和灵活性。

示例输入如下。

请将李清照《如梦令》中的"昨夜雨疏风骤"翻译成英文,尽量保留诗意。

示例输出如下。

Last night, the rain was light and the wind fierce.

详细解释如下。

原句"昨夜雨疏风骤"描绘了一个风雨交加的夜晚,雨点稀疏而风势猛烈。

- "light"用来描述雨的稀疏,与"疏"相对应。
- "fierce"用来描述风的猛烈,与"骤"相对应。
- 这种翻译既保留了原句的意境,又使表达自然流畅。

6. 反向验证翻译

反向验证翻译是一种有效的校对方法,可以确保翻译的准确性和一致性。将翻译后的文本再翻译回原文语言,可以发现潜在的错误或误解。

示例输入如下。

请将我翻译的英文"Time is money."再译回中文,看看与原文是否一致。

示例输出如下。

回译结果:Time is money. → 时间就是金钱,确认无误。

详细解释如下。

(1)原句:时间就是金钱。这是一句常见的中文谚语,表达时间的宝贵。

(2)翻译:Time is money. 这是该谚语的标准英文翻译,非常常见。

（3）回译：将英文翻译再翻译回中文。
- 回译结果：Time is money. → 时间就是金钱。
- 确认无误，回译结果与原文一致。

7. 结合其他工具

（1）语音输入：先用语音转文字工具（如讯飞听见）生成文本，再用DeepSeek翻译。

（2）图片翻译：用OCR工具（如微信"扫一扫"）提取图中文字，再粘贴至DeepSeek翻译。

灵活运用以上方法，可以高效完成高质量的英汉互译任务。如果有特殊需求，可以直接告诉DeepSeek，它会尽力满足用户的要求。

操作实践

本例需要将一篇关于人工智能（AI）在医疗领域中的应用的英文文章翻译成中文。文章包含专业术语和复杂句式，要求翻译准确、流畅，并符合中文科技论文的表达习惯。

操作步骤如下。

第1步：直接翻译（初步获取中文译文）。

（1）用户输入指令如下。

> 请将以下英文文本翻译成中文，保持专业性和流畅性：
> Recent advances in deep learning have enabled AI systems to analyze medical images with remarkable accuracy. For instance, convolutional neural networks (CNNs) can now detect early signs of diseases such as cancer from X-ray and MRI scans, significantly improving diagnostic efficiency.

（2）DeepSeek输出结果如下。

> 深度学习的最新进展使得人工智能系统能够以极高的准确性分析医学影像。例如，卷积神经网络（CNNs）现在可以通过X光和核磁共振扫描检测癌症等疾病的早期迹象，从而显著提高诊断效率。

第 2 步：优化术语和句式（提升专业性）。

（1）用户输入指令如下。

> 刚才的翻译中，"diagnostic efficiency"译为"诊断效率"是否准确？是否有更专业的医学术语？另外，请调整句式，使其更符合中文科技论文的表达习惯。

（2）DeepSeek 输出结果如下。

> 在医学领域，"diagnostic efficiency"更常译为"诊断效能"（指诊断的准确性和速度）。优化后的翻译如下：
> "深度学习的最新突破使人工智能系统能高精度解析医学影像。以卷积神经网络（CNNs）为例，它现已能通过 X 射线与 MRI 扫描识别癌症等疾病的早期征兆，大幅提升诊断效能。"
> （调整说明："remarkable accuracy"→"高精度"，更简洁；"detect early signs"→"识别早期征兆"，更符合医学术语。）

第 3 步：处理复杂句子（拆分长难句）。

（1）用户输入指令如下。

> 这句话较长，请拆分为 2～3 个短句翻译，保持逻辑清晰：
> Despite its potential, the integration of AI into clinical practice faces challenges such as data privacy concerns, regulatory hurdles, and the need for extensive validation in diverse patient populations.

（2）DeepSeek 输出结果如下。

> 尽管人工智能潜力巨大，但其在临床实践中的应用仍面临诸多挑战。例如，数据隐私问题、法规壁垒，以及需在不同患者群体中进行广泛验证的要求，均需克服。

第 4 步：反向验证（检查翻译一致性）。

（1）用户输入指令如下。

> 请将我翻译的中文回译成英文，看看关键术语是否一致：

深度学习的最新突破使人工智能系统能高精度解析医学影像。

（2）DeepSeek 输出结果如下。

The latest breakthroughs in deep learning enable AI systems to analyze medical images with high precision.
对比原文：
原文：Recent advances in deep learning have enabled AI systems to analyze medical images with remarkable accuracy.
关键术语一致（deep learning, analyze medical images），句式略有调整但语义无损。

第 5 步：最终润色（提升可读性）。

（1）用户输入指令如下。

请让这段翻译更流畅，适合在学术演讲中使用。

（2）DeepSeek 输出结果如下。

深度学习领域的最新进展，让人工智能系统得以高精度解析医学影像。以卷积神经网络（CNN）为例，它已能通过 X 光与核磁共振成像（MRI）检测癌症等疾病的早期病变，显著提升了临床诊断效能。然而，AI 在医疗实践中的落地仍面临数据隐私、法规合规性及多人群验证等挑战。

3.1.5 知识预习——提前踏入知识殿堂

知识预习是学习过程中的重要环节，它能够帮助学习者提前了解课程内容，激发学习兴趣，提高课堂学习效率。然而，传统的预习方式往往缺乏系统性和针对性，导致预习效果不佳。DeepSeek 可以作为一款强大的智能学习工具，根据用户输入的学习主题或课程内容，快速生成预习资料、梳理知识框架，并提供相关学习资源和问题引导，帮助用户高效地进行知识预习，提前踏入知识殿堂，为正式学习做好充分准备。

下面以预习高等数学中"微积分"相关知识为例讲解使用 DeepSeek 预习的

方法与步骤。

1. 学习目标解析

（1）学科定位：明确知识模块所属学科体系（如微积分在数学中的位置）。

（2）认知分级。

- 初级：概念理解（如导数定义）。
- 中级：公式推导（如微分中值定理证明）。
- 高级：综合应用（如最优化问题建模）。

（3）难点预测：通过历史学习数据分析学习难点（如学生常混淆微分与导数）。

2. 智能生成策略

使用结构化指令模板，具体如下。

作为 [学习者身份]，我需要预习 [具体知识模块]。请生成包含以下要素的预习指南。

- 核心概念的三层解读（直观理解、形式化定义、几何意义）。
- 关键公式的推导路线图。
- 典型应用场景分类。
- 易错点预警与辨析方法。

要求采用 [具体展现形式]，难度配合 [目标学习阶段]。

3. 输出优化机制

（1）认知脚手架搭建。

- 前置知识树（如学习微积分前需掌握的三角函数知识）。
- 可视化辅助（生成函数图像演变动图描述）。
- 渐进式 Q&A 设计（从基础计算到证明题层层深入）。

（2）交互强化策略。

- 要求"请用费曼技巧解释链式法则"。

- 要求"设计一个生活中的类比帮助理解积分概念"。

>_ 操作实践

（1）用户输入指令如下。

> 作为大一新生，我需要预习高等数学中的微积分基础章节。请生成包含以下要素的预习指南。
> 1. 核心概念的多元解释（几何／物理／经济视角）。
> 2. 关键公式的推导逻辑图示。
> 3. 典型例题的解题思维路径。
> 4. 常见理解误区警示。
> 要求采用对比表格与流程图结合的形式，难度适合工科专业入门学习。

（2）DeepSeek 生成结果如下。

> 微积分核心概念预习框架
> 1. 双核概念解析
> ……
> 2. 公式推导路线
> 基本导数公式推导流程：
> 函数实例 $f(x)=x^2$ → 定义法计算 $\lim[h \to 0][(x+h)^2-x^2]/h$ → 展开得 $2x+h$ → 取极限得 $f'(x)=2x$
> ……
> 3. 典型解题路径
> 求曲线 $y=x^3$ 在 $x=1$ 处的切线方程
> ①计算导数 $f'(x)=3x^2 \to f'(1)=3$
> ②确定切点坐标 $(1,1)$
> ③代入点斜式方程：$y-1=3(x-1)$
> 4. 常见误区警示
> ⚠微分误解：误认为 dy 是 Δy 的近似值
> √正解：$dy=f'(x)dx$ 是 Δy 的最佳线性逼近
> ⚠积分混淆：将定积分与不定积分计算规则混用
> √辨析：定积分强调区间累积，需注意上下限处理

> **提示**：由于篇幅限制，部分生成内容省略。

（3）优化应用技巧。

①动态调整策略。

- 实时追问：请用拉格朗日中值定理解释导数应用。
- 渐进细化：展开说明分部积分法的选择技巧。

②个性化适配。

- 添加工科背景：请结合机械运动实例说明导数的物理应用。
- 增加难度标记：★基础题 ｜ ★★中档题 ｜ ★★★综合题

通过这种方法，可快速构建出结构清晰、符合认知规律的知识预习框架。

3.1.6 生成复习内容——复习重点全掌握

复习是学习过程中不可或缺的环节，能够帮助学习者巩固知识、查漏补缺，并为考试或进一步学习做好准备。然而，复习往往面临着时间紧张、内容繁杂等问题，导致复习效率不高。DeepSeek 可以作为一款强大的智能学习工具，根据用户的学习需求快速生成复习内容，精准定位复习重点，提供个性化的复习建议和练习题，帮助用户高效复习，全面掌握知识要点，提升学习效果。

下面将详细介绍如何利用 DeepSeek 生成结构化、个性化的复习内容。

在开始使用 DeepSeek 生成复习内容前，合理的准备工作能大幅提升后续复习效率。这一阶段主要包括资料收集整理、明确复习目标和建立知识框架三个关键步骤。

（1）资料收集整理：将分散的学习资料集中到一个可数字化处理的平台。具体操作包括将教材重点章节拍照或扫描成 PDF 或图片（推荐使用扫描全能王等 APP），整理电子版课堂笔记（建议使用 OneNote 或 Notion 分类存储），收集历次作业和测验中的错题（可按知识点分类建立 Excel 表格）。这些资料将成为 DeepSeek 生成复习内容的基础"语料库"。

（2）明确复习目标：明确复习目标能帮助 DeepSeek 生成更精准的内容。用户需要确定复习的范围（如宏观经济学第 3～5 章）、复习的深度（基础概念梳理、难点突破、综合应用）及期望的输出形式（思维导图、对比表格、记忆口诀等）。例如：我需要复习数据结构中"树与二叉树"章节，重点理解各种遍历算法的时间复杂度比较，希望生成对比表格和典型例题分析。

（3）建立知识框架：建立知识框架可以为 DeepSeek 提供结构化指引。即使对某些知识点还不完全理解，也可以根据教材目录或课程大纲建立一个初步的框架。例如：将"操作系统"复习分为"进程管理""内存管理""文件系统"和"设备管理"四大模块，每个模块下再列出 3～5 个核心概念。这种框架能帮助 DeepSeek 生成更有逻辑的内容。

> **! 名师点拨：** 在资料准备阶段，建议创建一个专用的复习文件夹，按"原始资料""AI 生成内容"和"最终整理"三个子文件夹管理文件。每次复习前用 10 分钟更新这个系统，长期积累将形成宝贵的个性化知识库。

完成前期准备工作后，就可以开始使用 DeepSeek 生成各类复习内容了。下面将详细介绍三种常用且高效的复习内容生成方法：知识框架梳理、难点解析简化和错题强化练习。

1. 知识框架梳理

操作步骤如下。

（1）输入清晰指令。

在 DeepSeek 对话框中输入指令。例如：请为生物化学中"酶动力学"章节生成三级知识框架，一级按主题分类（如米氏方程、抑制剂类型等），二级包含定义和关键公式，三级标注易混淆点和记忆技巧，用 Markdown 格式输出，并添加相关实例。

（2）提供背景资料。

如有教材 PDF 文件或笔记，可通过附件上传功能提供给 DeepSeek 参考，建议在上传后补充说明。例如：请基于我上传的教材第 45～52 页内容，补充上述知识框架中的具体参数和图表引用。

(3）优化输出结果。

查看 DeepSeek 生成的框架后，可以通过追问进一步细化。例如：请将"竞争性抑制与非竞争性抑制"的对比部分扩展为表格形式，增加米氏常数和最大反应速率变化的具体说明。

操作实践

假设我们正在复习细胞生物学中的"细胞信号转导"章节，使用 DeepSeek 生成知识框架。

（1）用户输入指令如下。

请为细胞生物学中"细胞信号转导"章节生成知识框架，要求如下：
1. 一级按信号分子类型（激素、神经递质等）分类。
2. 二级包含受体类型、主要通路和生理效应。
3. 三级用红色标注常见实验研究方法。
4. 为每个信号通路添加一个简单图示说明。
请用 Markdown 格式输出，适合导入 Obsidian 使用。

（2）DeepSeek 输出结果如下。

细胞信号转导知识框架
1. 激素信号
1.1 类固醇激素
受体类型：细胞内受体
主要通路：扩散进入细胞→结合受体→进入核内调节基因表达
生理效应：慢反应（小时/天级），如性激素作用
研究方法：■报告基因检测 ■核质分离实验
[图示] 激素-受体复合物穿过核孔
2. 神经递质信号
……

2. 难点解析简化

操作步骤如下。

（1）定位难点。

在学习过程中标记不理解的概念或公式。例如：不理解经济学中的"边际效用递减规律"如何进行数学表达。

（2）请求通俗解释。

向 DeepSeek 提问。例如：请用大一学生能理解的方式解释"边际效用递减规律"，包括基本定义、数学表达、现实例子、常见误解，要求用对话体呈现，就像老师为学生答疑一样。

（3）请求多角度阐释。

进一步追问。例如：用 Python 代码模拟不同商品消费数量与总效用的关系，并绘制三种不同效用函数的对比图。

操作实践

假设我们在复习量子力学基础时，难以理解"波函数坍缩"这一概念，让 DeepSeek 进行难点解析简化。

（1）用户输入指令如下。

我正在学习量子力学基础，对"波函数坍缩"这一概念感到困惑。请你完成以下操作：
1. 用高中生能理解的比喻解释这个概念。
2. 说明其在双缝实验中的表现。
3. 列出三位物理学家对此的不同解读。
4. 指出本科阶段需要掌握的程度。
请避免使用超过大一数学水平的公式。

（2）DeepSeek 输出结果如下。

---

1. 生活比喻：就像你在房间里找手机，它可能在任何角落（波函数描述概率），当你打开抽屉发现它在那里（测量）时，其他位置的可能性瞬间"坍缩"到这一点。

2. 双缝实验表现：未观测时电子表现波动性（干涉条纹），一旦试图观测通过哪条缝，干涉条纹消失（坍缩为粒子性）……
3. 不同解读：
哥本哈根解释：坍缩是测量行为的数学描述。
多世界解释：所有可能性平行实现。
……

提示：由于篇幅限制，部分生成内容省略。

3. 错题强化练习

操作步骤如下。

（1）提供错题信息。

将错题以文本或图片形式提供给 DeepSeek，确保包含题目内容、错误答案、正确答案（如知道）。例如：这是我做错的一道电路分析题目[题目图片]，我的错误答案是……正确答案应该是……

（2）请求错题分析。

指令模板：请分析我在这道题中的错误原因，①还原我的错误思路；②指出知识漏洞；③说明正确解题逻辑；④推荐3道考察相同知识点的变式题，难度递增。

（3）生成变式练习。

对于 DeepSeek 提供的变式题，可进一步提出要求。例如：请为每道变式题提供分步解析，但先隐藏答案，等我尝试解题后再显示。

操作实践

假设我们在解答概率统计题目时做错了一道条件概率题，让 DeepSeek 帮助我们进行错题强化练习。

（1）用户输入指令如下。

这是我做错的条件概率题：

某疾病发病率为 1%，检测准确率为 99%。若某人检测为阳性，实际患病的概率是多少？
我错误地认为是 99%，忽略了基础发病率。请你完成以下操作：
1. 用通俗的方式解释为什么不是 99%。
2. 用具体数字举例说明。
3. 提供 3 道类似但考察角度不同的练习题。

（2）DeepSeek 输出结果如下。

1. 解释：就像在 1000 人中，约 10 人患病（真阳性 9 人），990 人未患病但检测会有约 10 人假阳性。所以阳性共 19 人，实际患病只有 9 人，概率 ≈ 47%。
2. 练习题：
（1）若检测准确率降为 95%，上述概率变为多少？
（2）若要求检测后概率 >90%，发病率至少为多少？
（3）设计两种检测方法，提高检测准确性。

3.1.7 制订学习计划——学习之路有规划

在学习过程中，一个科学合理的学习计划是提高学习效率、达成学习目标的关键。然而，许多学习者制订的学习计划缺乏系统性和可行性，导致计划难以坚持或效果不佳。DeepSeek 可以作为一款智能学习助手，根据用户的学习目标、时间安排和学习习惯，快速生成个性化、科学合理的学习计划。此外，DeepSeek 可以通过智能分析和动态调整，帮助用户明确学习路径，合理分配时间，确保学习之路有规划、有条理。

下面以学习 Python 数据分析为例，介绍使用 DeepSeek 制订高效学习计划的方法，帮助职场人士或学生在有限时间内系统掌握新技能。

1. 目标定义

向 DeepSeek 发送包含以下要素的指令。

我是 [职场人士 / 学生]，每天可投入 [时间]，希望 [周期] 内掌握 [技能]，达

到 [具体水平],目前 [掌握情况]。请帮我:
1. 拆解该技能的核心模块。
2. 评估我的当前基础(如完全零基础 / 有相关经验)。
3. 生成 SMART 学习目标。

2. 知识体系分解

让 DeepSeek 分解所学内容的知识体系。用户输入指令如下。

请对 Python 数据分析进行分解:
1. 基础模块(必学)。
2. 进阶模块(可选)。
3. 每个模块的关键知识点(标注难度★)。
用 Markdown 表格形式呈现。

DeepSeek 输出结果如下。

模块	关键知识点	难度	学习时长
Python 基础	列表 / 字典 / 函数	★★	2 周
Pandas	数据清洗 /groupby/ 合并	★★★	3 周
数据可视化	Matplotlib/Seaborn	★★	2 周

3. 阶段计划生成

让 DeepSeek 生成阶段计划。用户输入指令如下。

根据以上分解,制订 3 个月的周计划:
1. 按"基础—进阶—实战"三个阶段划分。
2. 列出每周的学习主题、推荐资源、小项目任务。
3. 预留复习缓冲期。

DeepSeek 输出结果如下。

第 1 ~ 2 周:Python 基础

- 学习：变量/循环/函数（Codecademy Python 课程）。
- 实战：用列表推导式处理产品评分数据（提供数据集链接）。
- 检测：完成 5 道 LeetCode 简单题。

第 3～4 周：Pandas 核心
- 学习：数据过滤/聚合（Kaggle Pandas 教程）。
- 实战：分析电商订单数据中的退货率（附数据清洗 checklist）。

……

> **提示**：由于篇幅限制，部分生成内容省略。

4. 动态调整

在学习过程中，每周用 DeepSeek 复盘并对计划进行调整。用户输入指令如下。

本周已完成 Pandas 数据清洗，但遇到以下问题：

1.merge 操作时出现重复列。

2. 对时间序列处理不熟练。

请你帮我：

1. 分析这两个问题的解决方案。

2. 调整下周计划，增加时间序列专项练习。

3. 推荐相关案例数据集。

---

5. 成果验收设计

完成学习计划制订后，让 DeepSeek 设计成果验收标准。用户输入指令如下。

请为 Python 数据分析学习设计 3 个月后的成果验收标准：

1. 理论考核（列出 10 个核心概念）。

2. 实战项目要求（如用泰坦尼克号数据完成完整分析报告）。

3. 代码质量评估指标（如函数封装率、注释完整性）。

3.2 考试与作业——学业难题不再怕

考试和作业是学习的重要组成部分，DeepSeek 可以提供全方位支持，帮助学习者高效完成作业、系统复习考试内容、掌握考试技巧。无论是作业辅导与检查、批改与反馈，还是模拟考试，DeepSeek 都能帮助学习者高效完成。

3.2.1 作业辅导与检查——作业小帮手

做作业是巩固知识的重要环节，DeepSeek 作为一款先进的 AI 工具，可以提供作业辅导与检查功能，帮助学习者解决难题、检查作业答案，确保学习效果，成为学习者的"作业小帮手"。

DeepSeek 的设计理念是辅助学习而非替代学习，它强调通过互动式引导帮助学习者理解知识、掌握方法，而非直接提供答案，这种理念反映在其多种辅助作业的模式中。

提供思路与启发是 DeepSeek 最核心的辅助方式。当学习者遇到难题时，DeepSeek 不会直接给出答案，而是通过提问引导思考方向。例如，面对一道数学题，它可能会问："你认为应该使用哪种解题方法，为什么？"这种方式可以鼓励学习者主动思考，逐步构建解题思路，而非被动接受答案。

对于难以理解的知识点，DeepSeek 能够生成贴近生活的例子或故事。例如，解释物理中的"惯性"概念时，DeepSeek 可能会编一个关于公交车突然刹车时乘客身体前倾的小故事，使抽象原理具体化。

> **名师点拨**：DeepSeek 对自己的局限性有清晰认识，并会主动提醒学习者辨别 AI 生成内容中的真实信息与虚构部分。它建议学习者通过"事实核查""注意细节真实性""区分事实和想象"等方法验证信息的准确性，有助于培养学习者的批判性思维和信息鉴别能力。

>_ 操作实践

数学作业中的几何题往往令人感到棘手。DeepSeek 在辅助数学作业方面展现出了独特优势，能够提供解题思路引导、步骤检查和替代解法建议。以下是一个详细的案例，展示如何利用 DeepSeek 辅助完成一道初中数学几何题。

案例背景：初中学生小许在完成数学作业"用正方形纸折叠得到一个等边三角形"时遇到了困难，传统方法效率低下，难以找到最优解，于是他决定借助 DeepSeek 来攻克这个难题。

操作步骤如下。

（1）明确问题描述。

用户输入指令如下。

> 如何用正方形纸折叠得到一个等边三角形？我已经尝试了几种方法，但都无法确保三条边完全相等。请提供思路而不是直接给出答案。

DeepSeek 输出结果如下。

> 这是一个有趣的几何折叠问题！要解决这个问题，我们需要思考以下内容。
> 1. 等边三角形的性质：三条边相等，三个角都是 60 度。
> 2. 正方形折叠的特点：折叠线必须是直线，对称操作。
> 3. 关键点：如何在正方形中找到满足等边三角形条件的点。
> 建议你先思考：在正方形中，哪些点可能成为等边三角形的顶点？如何通过折叠将这些点连接起来？

（2）分步引导。

继续询问 DeepSeek。用户输入指令如下。

> 我尝试将正方形的一个角折叠到对边中点，但得到的三角形不是等边三角形。应该怎么做？

DeepSeek 输出结果如下。

> 让我们分析你的尝试。
> 1. 将角折叠到对边中点，确实是一种常见方法。
> 2. 但这样得到的三角形两边是正方形边长，一边是 $\sqrt{a^2 + \left(\frac{a}{2}\right)^2} = \frac{\sqrt{5}a}{2}$，不等边。
> 3. 新思路：需要找到使三边相等的折叠方式。

4. 提示：考虑将两个角同时折叠，使它们在纸内部相遇。
5. 关键点：确定正确的折叠角度和交点位置。

（3）验证与实验。

根据 DeepSeek 的提示，小许进行了多次尝试，并将结果与传统方法进行对比。他发现 DeepSeek 提供的方法与传统方法截然不同，DeepSeek 利用了一些意想不到的折叠技巧。通过实践验证，他发现 DeepSeek 提供的方法不仅步骤更简洁，而且折叠精度更高，折出的等边三角形更加规整。

（4）数学原理分析。

为了进一步理解，继续询问 DeepSeek。用户输入指令如下。

> 为什么这种折叠方法能得到等边三角形？请解释背后的数学原理。

DeepSeek 输出结果如下。

这种折叠方法基于以下数学原理。
1. 三角函数关系：折叠角度经过精心计算，确保形成的三角形内角均为 60 度。
2. 几何对称性：利用正方形对角线和中垂线的交点作为参考点。
3. 比例关系：折叠后的这个等边三角形的边长与正方形边长的比为 $\sqrt{3}:2$。
4. 证明要点：可以通过坐标系计算各点位置，验证三边相等。

（5）方法优化与总结。

小许将 DeepSeek 生成的方法与传统方法进行结合，并尝试从数学角度分析折叠步骤的合理性，最终找到了一种既简洁又准确的折叠方法。这一过程不仅解决了作业问题，还深化了他对几何变换的理解。

>_ 操作实践

语文作文对于许多学生来说具有一定挑战性，DeepSeek 可以在作文写作方面提供从构思到修改的全流程支持。以下是一个详细的案例，展示如何利用 DeepSeek 辅助完成一篇主题作文。

案例背景：初中学生小吴需要完成一篇题目为"我家乡的春节习俗"的记叙文，要求结合个人经历，生动描述地方特色习俗，800 字左右。小吴感觉组

织素材、突出特色有些困难，于是，他决定借助 DeepSeek 完成作文写作。

（1）头脑风暴与素材收集。

借助 DeepSeek 收集写作素材。用户输入指令如下。

> 我要写一篇关于家乡春节习俗的作文，但不知道哪些内容值得写。我家乡在浙江，春节时会贴春联、吃年夜饭、放鞭炮。请帮我列举一些不常见的浙江特色春节习俗，并提供写作思路。

DeepSeek 输出结果如下。

> 浙江有许多独特的春节习俗，可以考虑：
> 1. "谢年"仪式：祭祀祖先和神灵的隆重仪式，包含特定供品和流程。
> 2. "开门炮"：大年初一凌晨争放第一挂鞭炮。
> 3. "讨彩头"食物：如年糕（年年高）、粽子（象征"考中"或"高中"）等有寓意的食物。
> 4. "舞龙灯"：浙江部分地区有夜间舞龙灯的社区活动。
>
> 写作思路建议：
> 1. 开篇：用感官描写引入（如鞭炮声、食物香气）。
> 2. 主体：选取 1～2 个特色习俗详细描述，穿插个人经历。
> 3. 结尾：思考传统习俗的文化意义和你的情感联结。

（2）大纲构建。

小吴选择写"谢年"仪式和"讨彩头"食物，请求 DeepSeek 帮助构建作文大纲。

DeepSeek 提供的大纲如下。

> 标题：《祭祀与美食中的年味》
> 一、开篇：除夕清晨被糯米香唤醒的回忆。
> 二、主体：
> 1. "谢年"仪式的准备过程（重点描写供桌摆设、家人分工）。
> 2. 仪式中的温馨氛围与孩童视角的趣味观察。
> 3. 年夜饭中的"讨彩头"食物及其象征意义。
> 三、结尾：传统习俗中蕴含的家庭纽带与文化传承。

（3）段落写作辅助。

小吴在描写"谢年"仪式时遇到困难，请求 DeepSeek 提供具体帮助："请帮我写一个关于'谢年'仪式供桌摆设的生动段落，但不要完成整个部分，我想自己继续写。"

DeepSeek 输出结果如下。

> 供桌是"谢年"仪式的中心，奶奶总是亲自操持。八仙桌披上大红桌布，前排中央是"五祀"牌位，两旁对称摆放着"三牲"——全鸡、全鱼和方肉。鸡头昂首向天，嘴里衔着葱，象征"聪明通达"；鱼身缀满红纸，寓意"年年有余"。后排是"五果六斋"，桂圆、红枣、莲子等干果精心堆叠成塔状，旁边是豆腐、香菇、黄花菜等素斋。最前面是一对高高的红烛，烛光摇曳中，整个供桌宛如一幅立体的年画。

（4）作文检查与润色。

小吴完成初稿后，将其输入 DeepSeek 请求检查："请检查下面这篇作文，指出语言表达、逻辑连贯性和内容充实度方面的问题，并提供修改建议，但不要直接重写。"

DeepSeek 输出结果如下。

> 优点：
> 1. 对"谢年"仪式的描写细致，有画面感。
> 2. 个人感受真实，情感表达自然。
> 改进建议：
> 1. 语言：部分句子过长（如第二段第三句），可拆分以增加节奏感。
> 2. 逻辑：从仪式到年夜饭的过渡稍显突兀，可增加时间线索连接。
> 3. 内容：对"讨彩头"食物的文化解释可更深入。
> 4. 细节：增加一两处声音描写（如祭文诵读声）增强氛围。
> 修改示例（过渡段落）：
> 原句："'谢年'结束后，我们开始准备年夜饭。"
> 建议改为："当最后一缕香烟袅袅升起，'谢年'仪式接近尾声。厨房里早已传来锅铲相击的清脆声响，年夜饭的筹备正热火朝天地进行着。"

3.2.2 模拟考试——考前热身必备

考前模拟是检验复习效果的重要方式。DeepSeek 可以提供模拟考试题，帮助学习者熟悉考试形式，提升应试能力。通过模拟考试，学习者可以提前适应考试节奏，发现薄弱环节，有针对性地进行复习。

1. 智能组卷

适用场景：需要针对特定考试（如高考、四六级、职业资格考试）生成完整模拟试卷。

操作要点：

- 明确考试类型和范围。
- 设定题目难度梯度。
- 要求包含标准答案和解析。
- 可指定题型比例。

2. 知识点专项训练

适用场景：针对薄弱环节生成针对性练习题。

操作要点：

- 精准定位知识盲区。
- 设置渐进式难度。
- 要求附带解题思路。
- 可指定题目数量。

3. 错题强化

适用场景：根据已有错题生成同类题目。

操作要点：

- 提供原始错题信息。

- 分析错误类型。
- 生成变式训练。
- 设置重复频次。

4. 自适应测试引擎

适用场景：根据答题情况动态调整后续题目。

操作要点：

- 建立初始能力评估。
- 设置难度调整规则。
- 实现动态组卷。
- 生成个性化报告。

操作实践

案例背景：高中学生小周需要一套针对"函数与导数"专题的模拟试卷，要求如下：

- 10道选择题+5道填空题+3道解答题。
- 难度按照高考真题标准。
- 包含详细解析。
- 重点考查极值、单调性、图像特征。

操作步骤如下。

（1）设定基本参数。

小周输入的指令如下。

请生成一套高考数学"函数与导数"专题模拟试卷，要求如下。

1. 题型组成：10道选择题+5道填空题+3道解答题。
2. 难度分布：基础题50%，中档题35%，难题15%。
3. 考查重点：函数的极值、单调性、图像特征。
4. 每道题需提供：
   - 详细解答过程。

- 考查知识点说明。
- 难度评级。

5. 最后提供整套试卷的答案汇总。

（2）生成试卷内容。

DeepSeek 生成的试卷内容如下。

一、选择题（每题 5 分，共 50 分）

1. 函数 $f(x)=x^3-3x^2+2$ 的单调递减区间是（ ）。（难度：★☆☆）

A.$(-\infty,0)$

B.$(0,2)$

C.$(2,+\infty)$

D.R

【知识点】利用导数判断函数单调性。

......

二、填空题（每题 5 分，共 25 分）

11. 若函数 $f(x)=ax^3+bx^2+cx+d$ 在 $x=1$ 处取得极值 8，且 $f'(0)=3$，则 $a=$____。（难度：★★☆）

【知识点】极值点的导数特征。

......

三、解答题（共 75 分）

16. (25 分) 已知函数 $f(x)=e^x-ax-1$。（难度：★★☆）

(1) 讨论 $f(x)$ 的单调性；

(2) 若 $f(x) \geqslant 0$ 对 $x \in R$ 恒成立，求 a 的取值范围。

【知识点】导数与不等式综合应用。

......

答案汇总

选择题答案：1～5 BACBD 6～10 CDACB

填空题答案：11.(0,1) 12.2 13.$(-\infty,-1]$ 14.3 15.1

解答题答案：……

! 提示：由于篇幅限制，部分生成内容省略。

（3）个性化调整。

小周希望结合个人情况，对试卷内容进行调整，输入指令如下。

请将第 16 题解答题替换为一道考查导数在实际问题中应用的题目，要求：
1. 情境设置真实。
2. 包含建立函数模型的过程。
3. 难度为★★★。

DeepSeek 输出结果如下。

16.（25 分）某工厂生产某种产品，每日总成本 $C(x)$（万元）与产量 x（吨）的关系为 $C(x)=1/3x^3-2x^2+5x+10$，产品售价为 20 万元 / 吨，假设全部售出。
（1）写出利润函数 $L(x)$；
（2）求日产量为多少时利润最大；
（3）讨论价格波动对最优产量的影响。
【知识点】导数在经济问题中的应用。

操作实践

案例背景：大学生小赵需要针对 CET-6 高频词汇生成三组练习题，具体如下。

- 选词填空（20 题）。
- 同义词辨析（10 题）。
- 语境运用（5 道长句翻译题）。

操作步骤如下。

（1）设定练习要求。

小赵先向 DeepSeek 设定了练习要求，输入指令如下。

请生成 CET-6 词汇专项训练，要求如下。

1. 选词填空20题，从以下高频词汇中选取：Ambiguous，culminate，deteriorate，fluctuate……
2. 同义词辨析10题，如persist和persevere。
3. 长句翻译5题，包含以下词汇的语境运用：Unprecedented，infrastructure……
4. 所有练习题提供答案和解析。

（2）生成练习题内容。

DeepSeek生成的练习题内容如下。

一、选词填空

1.The economic situation continued to _____ despite government interventions.

A.ameliorate

B.deteriorate

C.fluctuate

D.culminate

【答案】B

【解析】deteriorate 表示"恶化"，符合语境……

……

二、同义词辨析

1. _____ efforts are needed to solve this complex problem.

A. Persistent

B. Persevering

【答案】A

【解析】persistent 强调持续不断，persevering 强调克服困难……

……

三、长句翻译

1. 这座城市的基础设施建设在过去十年取得了前所未有的发展。（需使用infrastructure 和 unprecedented。）

【参考译文】The city's infrastructure construction has achieved unprecedented

development in the past decade.
……

> [!] **提示**：由于篇幅限制，部分生成内容省略。

（3）难度调整。

小赵认为选词填空题难度偏简单，他要求 DeepSeek 提升部分题目难度，输入指令如下。

> 请将选词填空的第 11~20 题难度提升至高级水平，要求如下。
> 1. 使用更生僻的六级词汇。
> 2. 设置更具迷惑性的干扰项。
> 3. 句子结构更复杂。

DeepSeek 生成的提升难度后的题目如下。

> 11. The committee's decision was _____ by conflicting opinions from various stakeholders.
> A.exacerbated
> B.juxtaposed
> C.precluded
> D.arbitrated
> 【答案】A
> 【解析】exacerbated 表示"加剧"，符合"矛盾意见使决定更难"的语境……
> ……

> [!] **提示**：由于篇幅限制，部分生成内容省略。

通过以上方法，可以充分发挥 DeepSeek 在模拟考试题生成方面的优势，创建出高度个性化、针对性强的备考资料，大幅提升学习效率。

3.2.3 作业批改与反馈——改进提升有方向

及时反馈是提升学习效果的关键。DeepSeek 提供作业批改与反馈功能，帮助学习者快速了解作业中的错误和不足，并提供详细反馈和改进建议。通过作业批改与反馈，学习者可以明确改进方向，持续提升学习能力。

下面介绍使用 DeepSeek 进行作业批改与反馈的方法及案例。

1. 智能语法纠错与润色建议

DeepSeek 可以通过语法解析树分析和上下文语义识别技术，精准定位语法错误、搭配不当等问题，并提供符合学术规范的改写建议。

操作实践

下面使用 DeepSeek 进行英语作文批改。

操作步骤如下。

（1）上传英语作文全文或单个段落，这里上传单个段落。

> Nowadays teenager spend too much time on social media. They should learns to balancing study and entertainment.

（2）输入批改指令。

> 请批改此段落，标注语法错误类型（主谓一致 / 非谓语动词等），并提供 2 种高级改写版本。

（3）DeepSeek 生成结果。

> 错误标注：
> [主谓一致] teenager → teenagers
> [动词形式] learns → learn; balancing → balance
> 润色建议：
> 版本 1: Contemporary adolescents devote excessive hours to social platforms, necessitating enhanced time management skills to strike a balance between

academic pursuits and leisure activities.
版 本 2: The overindulgence in digital social interaction among youths highlights the urgent need for cultivating self-discipline in harmonizing scholastic responsibilities with recreational engagements.

（4）延伸训练。

输入指令"基于上述错误生成 5 道主谓一致专项练习题"，进一步提升。

2. 作文逻辑分析与结构优化

DeepSeek 可以应用篇章结构分析模型，识别作文的论点展开、过渡衔接等问题，生成逻辑流程图与改进方案。

操作实践

下面使用 DeepSeek 优化议论文结构。

操作步骤如下。

（1）提交作文框架。

论点：Online learning is better than traditional classroom.
论据 1：更自由的时间安排。
论据 2：节省通勤时间。
结论：应该全面推广在线教育。

（2）输入请求分析指令。

请评估此议论文的逻辑结构，指出论证漏洞，并提供改进框架（增加反方观点反驳、数据支撑等）。

（3）DeepSeek 生成反馈。

问题诊断：
1. 缺乏对比维度（如教学效果、互动性）。
2. 未提及线下教育的优势（如社交技能培养）。
3. 结论过于绝对化。

改进框架：
论点：Hybrid learning combines advantages of both modes.
线上优势：时间灵活性（Pew Research 数据显示，68% 学生认同）。
线下价值：实践性课程效果（MIT 实验显示，实验室课程参与度提升 40%）。
反驳论点：针对"线上导致孤独感"提出混合式解决方案。

3. 个性化评语生成

DeepSeek 可以基于学生学情画像，结合错误类型分布与进步轨迹，生成激励性评语与学习建议。

操作实践

下面使用 DeepSeek 生成单元测试反馈报告。

操作步骤如下。

（1）上传数据。

- 学生 A 成绩单：阅读理解 72/100（细节题失分率 40%）。
- 历史错题集：5 次测试中"词义猜测题"持续错误。

（2）输入生成指令。

> 请生成鼓励性评语（包含 1 个优点 +2 个改进方向），并推荐针对性训练方案。

（3）DeepSeek 生成反馈报告。

> 【进步亮点】
> √ 主旨概括题准确率提升 20%（超过班级平均）。
> 【重点提升】
> 1. 细节题定位训练：使用"关键词三遍定位法"。
> 2. 词义猜测专项：每日完成 3 道上下文线索分析题。
> 【激励话语】
> 你在整体理解上展现了出色潜力，精准定位能力的突破将助你更上一层楼。

（4）资源推荐。

输入指令"根据该学生需要提升的问题,推荐3篇适合该学生水平的科技类阅读材料",获取分级阅读资源。

4. 多模态作业批改(含手写识别)

DeepSeek 整合了 OCR 手写识别引擎与笔迹轨迹分析算法,可以实现手写作业的智能解析与错误标注。

>_ 操作实践

下面使用 DeepSeek 批改手写填空题。

操作步骤如下。

(1)拍照上传作业。

题目:The government should take _____ (measure) to protect environment.

(学生填写:measure。)

(2)输入批改指令。

> 识别手写答案,判断正误并给出语法解释(如名词单复数)。

(3)DeepSeek 生成反馈。

```
OCR 识别结果:
检测单词:measure(置信度92%)
批注信息:
[错误类型] 名词复数缺失
[正确答案] measures
[记忆口诀] "采取措施要周全,measure 后加 s 记心间"
```

第4章 DeepSeek 高效写作

本章的主要内容

- 基础写作技能——贯通思维与文字的通用密码
- 求职招聘信息写作——连接人才与机遇的桥梁
- 论文写作——研究成果的范式化表达
- 公文写作——高效行政文书的撰写技巧
- 宴会发言稿写作——让祝福更暖心
- 创意写作——想象力的奇妙之旅

在信息爆炸的今天，提升写作效率已成为个人与职业发展的核心竞争力。本章将带读者探索如何利用 DeepSeek 这一智能工具，彻底革新传统写作方式，实现从耗时费力到精准高效的关键跨越。通过真实场景案例与可操作技巧的结合，读者将掌握让写作事半功倍的方法，在信息洪流中精准捕捉灵感，以更快的速度达成写作目标。

4.1 基础写作技能——贯通思维与文字的通用密码

写作不仅是灵感的迸发，更是扎实基本功的体现。DeepSeek 为创作者提供系统化的辅助工具，从标题生成、文本续写、文本扩写、文本改写等核心模块入手，帮助创作者打好基础，提升表达能力，让文字更加精准、流畅、富有感染力。

4.1.1 标题生成——点睛之笔抓眼球

标题是文章或视频给人的第一印象，能否吸引读者或观众往往取决于标题的吸引力。DeepSeek 能够根据创作者提供的内容，精准提炼核心观点，运用修辞手法和热点元素，快速生成富有创意和吸引力的标题，让作品在海量信息中脱颖而出。

标题是吸引用户点击的关键，无论是文章、视频、广告还是社交媒体帖子，一个优秀的标题都能显著提升点击率（CTR）。

DeepSeek 可以通过关键词分析、情绪引导、A/B 测试等方法优化标题。

- 关键词分析法：输入核心主题，让 DeepSeek 生成符合 SEO 或平台算法的标题。
- 情绪引导法：指定情绪（如"悬念""紧迫感""好奇心"），生成高吸引力的标题。

- 竞品对标法：分析竞品爆款标题，生成风格类似但更具竞争力的标题。
- A/B 测试法：生成多个版本标题，测试哪个点击率更高。

操作实践

下面使用关键词分析法，用 DeepSeek 生成爆款文章标题。

案例背景如下。

- 内容主题：如何高效学习 Python 编程（面向零基础小白用户）。
- 目标平台：知乎、微信公众号。
- 核心关键词：Python、零基础、快速入门、自学。

操作步骤如下。

（1）在 DeepSeek 中输入指令。

请生成 5 个知乎/微信公众号风格的标题，主题是"零基础如何高效学习 Python"，要求如下。

1. 包含关键词：Python、零基础、快速入门。
2. 风格：吸引小白用户，带点悬念或干货感。
3. 适合平台算法（知乎长尾词 + 公众号情感共鸣）。

（2）DeepSeek 生成结果如下。

```markdown
1. 悬念型
零基础学 Python，3 个月从小白到大厂 offer，我是怎么做到的？
2. 干货型
Python 自学最全指南：零基础→能写爬虫，只需这 5 步！
3. 痛点解决型
别再无效学 Python 了！零基础快速上手的 3 个黄金法则
4. 对比型
为什么有人 3 个月学会 Python，而你还在入门？差距在这 4 点！
5. 情感共鸣型
从纯文科生到 Python 入门，我的血泪经验全在这了
```

（3）优化调整。

如需增加数据支持，可以追加指令。例如：加入"90%的人不知道"这样的数据化表达。

示例输出：90%的人不知道的Python学习捷径，零基础3周就能实战！

操作实践

下面使用情绪引导法，用DeepSeek生成高点击率短视频标题。

案例背景如下。

- 视频内容：健身博主分享"10分钟居家燃脂训练"。
- 目标平台：抖音、B站。
- 核心需求：吸引用户点击，突出"短时高效"。

操作步骤如下。

（1）在DeepSeek中输入指令。

生成5个抖音/B站风格的短视频标题，主题是"10分钟居家燃脂训练"，要求如下。
1. 情绪：紧迫感+好奇心（如"千万别试""后悔看晚了"）。
2. 突出"短时间+高效"。
3. 适合算法推荐（带热门标签，如"#健身""#减肥"）。

（2）DeepSeek生成结果如下。

---

markdown

1. 悬念型
   千万别在家做这个10分钟训练，怕你瘦太快！
2. 数据化型
   10分钟=跑步30分钟？这套燃脂训练火了！
3. 挑战型
   能坚持10分钟算你赢！居家燃脂天花板！
4. 痛点型
   没时间健身？每天10分钟，一个月瘦8斤！
5. 对比型

为什么她的 10 分钟训练比你 1 小时还有效？

（3）优化调整。

如需增加互动引导，可以追加指令。例如：加入"你能坚持到第几分钟"这样的互动提问。

示例输出：10 分钟暴汗燃脂！你能坚持到第几分钟？

> **名师点拨：**

（1）平台适配优化。
- 小红书：加入 emoji 和互动提问（"这款耳机降噪有多强？实测来了！"）。
- 知乎：更长尾、更干货（"2024 年蓝牙耳机选购指南：降噪/续航/音质全测评"）。

（2）热点借势。
- 输入：结合"618 大促"生成一个促销型标题。
- 输出：618 必入！×× 耳机直降 300 元，降噪+续航双王炸！

4.1.2 文本续写——故事接龙不停歇

DeepSeek 的文本续写功能为创作者提供了一个无限延伸的创作空间，让故事接龙变得轻松而有趣。创作者只需输入一段开头，DeepSeek 即可智能生成后续内容，无缝衔接前文。无论是科幻冒险、悬疑推理还是浪漫爱情，它都能精准把握风格和语境，为创作者提供丰富多样的续写选项。创作者可以随时调整续写方向，探索不同的故事走向，让灵感的火花持续闪耀，让创作的旅程永不停歇。

下面讲解通过 DeepSeek 进行文本续写的方法与案例。

1. 直接续写法

适用场景：已有部分文本内容，需要 DeepSeek 在此基础上延续写作。

操作方法如下：

（1）将已有文本粘贴到 DeepSeek 对话框中。

（2）添加简单指令，如"请继续写下去"或"续写以下内容"。

（3）可指定续写方向或风格要求。

优势：操作简单直接，适合内容连贯性要求高的场景。

示例指令如下。

"清晨的阳光透过窗帘缝隙洒进房间，李阳揉了揉惺忪的睡眼，突然想起今天是个重要的日子……"请以悬疑风格续写这段文字，保持第三人称视角。

2. 结构化续写法

适用场景：需要系统性地完成长篇内容创作。

操作方法如下。

（1）让 DeepSeek 生成内容大纲或框架。

（2）让 DeepSeek 按章节或段落分别续写各部分。

（3）整合各部分内容。

优势：可以避免内容偏离主题，适合复杂、长篇的写作任务。

示例指令如下。

（1）请为一部关于人工智能伦理的科幻小说列出详细大纲，包含 5 个章节。

（2）请根据上述大纲，详细撰写第 1 章内容，约 1500 字。

（3）现在请续写第 2 章，聚焦主角发现 AI 具有自我意识的经过。

3. 上下文记忆续写法

适用场景：需要保持前后内容高度一致的写作任务。

操作方法如下。

（1）利用 DeepSeek 的长上下文记忆能力，在单个对话中完成多轮续写。

（2）通过"继续"指令延续上次输出。

优势：可以保持文章的风格和内容连贯性，避免信息丢失。

4. 风格控制续写法

适用场景：需要特定写作风格的文本续写。

操作方法如下。

（1）在指令中明确指定写作风格。

（2）可提供写作风格样本供 DeepSeek 参考。

（3）使用角色设定增强写作风格一致性。

优势：可以获得更符合场景需求的文本。

示例指令如下。

请以学术论文的正式风格续写以下摘要，使用专业术语并保持客观严谨：（已有摘要文本）……

5. 文件辅助续写法

适用场景：需要基于特定参考资料进行续写。

操作方法如下。

（1）上传参考文件（PDF/Word/TXT 等）。

（2）要求 DeepSeek 基于文件内容续写。

（3）可指定引用文件中的具体信息。

优势：确保续写内容与参考资料保持一致。

！名师点拨：除了以上方法，还可以使用指令结构公式和参数控制维度两种方法来续写文本。

（1）指令结构公式。

公式：[基础文本]+[续写方向]+[风格约束]+[特殊要求]。

示例指令：会议室陷入死寂……（续写商战转折，金融行业术语，每段≤3 句，加入心理博弈。）

（2）参数控制维度。

参数控制维度方法的维度、参数示例及作用原理如表 4-1 所示。

第 4 章 DeepSeek 高效写作

表 4-1 参数控制维度方法的维度、参数示例及作用原理

维度	参数示例	作用原理
叙事节奏	快板／慢镜／蒙太奇	控制时间流速与信息密度
视角约束	上帝视角／限知视角／多 POV 切换	保持叙事一致性
情绪曲线	压抑—爆发—余震	构建情感动力学模型
知识密度	专业术语占比 30%	平衡可读性与专业性

>_ 操作实践

下面通过案例演示使用 DeepSeek 完成小说续写。

初始文本：老旧座钟敲响第十二下时，书桌上的青铜镇纸突然渗出暗红色液体。我伸手触碰的瞬间……

（1）设定续写参数。

续写方向：外星科技谜团解密。

风格约束：赛博朋克 + 硬科幻推理。

特殊要求：

● 每段设置 1 个误导性线索。

● 加入未来科技感官描写（如神经触觉、全息投影）。

● 保持中文语法但营造近未来语感。

（2）生成初稿，DeepSeek 输出结果如下。

> 指尖传来的不是预期中的黏稠，而是某种违反流体力学的量子震颤。那股带着电离臭氧气味的液体在生物台灯下折射出非可见光谱，让我想起火星殖民站里那台失控的纳米修复凝胶。突然，全息投影仪自动激活，在空气中勾勒出一张扭曲的陌生面孔——竟与我三天前在深网黑市交易过的数据贩子一模一样。

参数分析。

● 误导线索：火星纳米凝胶（实际与后续解谜无关）。

- 感官描写：电离臭氧气味＋量子震颤触觉。
- 未来语感："生物台灯"替代"台灯"，"深网黑市"替代"黑市"。

（3）深度优化。

问题诊断。

- 科技设定过于跳跃（量子震颤与纳米凝胶无逻辑关联）。
- 视角越界（未解释为何主角熟悉火星殖民科技）。

调整指令。

- 强化科学逻辑，统一设定为外星生物科技泄露。
- 限制视角，仅使用主角（一名未来侦探）已知信息。
- 增加 AI 分析环节，提升推理感。

优化后输出如下。

> 我的神经触觉手套瞬间反馈出异常数据——液体并非碳基物质，而是某种自我编程的硅基生命体。空气中弥漫着反物质衰变特有的金属腥气，个人 AI 助手"深瞳"在视网膜投影中弹出警告：分子结构与仙女座 β-12 陨石样本吻合度 99.7%。正当我调取数据库比对时，书桌上的量子墨水突然自行重组，浮现一行闪烁的符号：2188 年，新上海穹顶，同样的事件。

4.1.3 文本扩写——文字换新颜

　　文本扩写是将简短内容扩展为更丰富、更详细文本，与简单的续写不同，扩写需要对原有信息进行深度挖掘和横向拓展。细节是让文字生动起来的关键。DeepSeek 的文本扩写功能能够基于简短的原文，自动补充背景信息、丰富情节、增加情感描述，让文本更加饱满和引人入胜。无论是故事创作、报告撰写还是文案策划，它都能帮助创作者拓展思路，挖掘更多细节，使内容更具吸引力和感染力，让读者仿佛身临其境。

1. 要素分解扩写法

原理：将原文分解为多个要素，针对每个要素进行深度拓展。

适用场景：说明文、技术文档、产品描述等需要详细解释的内容。

操作步骤如下。

（1）提取原文中的关键要素。

（2）对每个要素提出扩写问题。

（3）整合扩写后的各部分内容。

示例如下。

原文：这款手机配备高性能处理器和长续航电池。

要素分解：

- 高性能处理器 → 具体型号？性能表现？对比数据？
- 长续航电池 → 容量？实测使用时间？快充技术？

2. 5W1H扩写法

原理：根据 Who（谁）、What（什么）、When（何时）、Where（何地）、Why（为什么）、How（如何）六个维度拓展内容。

适用场景：新闻报道、事件描述、案例分析等。

扩写模板如下。

- Who：涉及哪些人物/角色？
- What：发生了什么/是什么？
- When：时间背景/时间跨度？
- Where：地点环境/空间关系？
- Why：原因动机/背景因素？
- How：如何实现/过程细节？

3. 案例实证扩写法

原理：为抽象论述添加具体案例、数据或引用。

适用场景：学术论文、商业报告、观点论述等。

可添加内容如下。

- 统计数据。
- 研究案例。
- 权威引用。
- 用户评价。

4. 多视角扩写法

原理：从不同角度对同一内容进行阐述。

适用场景：争议性话题、产品评测、政策分析等。

常用视角如下。

- 专家视角。
- 用户视角。
- 竞争者视角。
- 历史视角。
- 未来趋势视角。

5. 感官描写扩写法

原理：通过五感体验（视觉、听觉、嗅觉、味觉、触觉）丰富描述。

适用场景：文学创作、旅游文案、美食评论等。

原文：咖啡厅环境很好。

扩写示例如下。

- 视觉：柔和的暖光灯映照着复古砖墙，绿植从书架垂落。
- 听觉：爵士乐与咖啡机蒸汽声交织成慵懒旋律。
- 嗅觉：现磨咖啡豆的醇香中隐约飘来肉桂甜香。
- 触觉：手中沉甸甸的陶瓷杯传来温暖踏实感。

操作实践

下面通过案例演示使用 DeepSeek 完成产品描述扩写。

原始文本：无线蓝牙耳机，降噪功能，续航 20 小时。

扩写目标：转化为吸引人的电商产品描述（300 字左右）。

操作步骤如下。

（1）要素分解。

- 无线蓝牙：连接技术？传输距离？
- 降噪功能：主动降噪？降噪深度？使用场景？
- 续航 20 小时：充电时间？快充？实际使用案例？
- 缺失要素：音质？佩戴舒适度？配件？品牌保障？

（2）输入扩写指令。

请将以下耳机产品描述扩写为电商产品描述，要求如下。

1. 突出三大卖点：降噪、续航、音质。
2. 添加技术细节但不失可读性。
3. 包含使用场景描述。
4. 最后添加购买引导。
5. 保持专业但友好的语气。

原始文本：无线蓝牙耳机，降噪功能，续航 20 小时。

（3）DeepSeek 生成初稿。

```markdown
【××Pro 无线降噪耳机】沉浸天籁，静享自由

旗舰级主动降噪：采用混合 ANC 技术，可消除 98% 环境噪声，飞机地铁上也能静享音乐。

持久续航：单次充电支持 20 小时播放，搭配充电盒可达 50 小时，15 分钟快充可用 3 小时。

Hi-Fi 级音质：10mm 动圈单元配合 LDAC 编码，高频清澈低频澎湃。


场景推荐
```

- 通勤族：隔绝嘈杂，打造移动音乐厅。
- 差旅人士：长途飞行中的安静伴侣。
- 学习工作：帮助集中注意力的神器。

附赠 3 套硅胶耳塞 + 皮质收纳盒 +18 个月质保
↓↓↓ 立即抢购，前 50 名赠无损音乐会员 ↓↓↓

（4）优化调整。

请做以下调整：
1. 增加具体技术参数：如降噪深度-35dB。
2. 补充佩戴舒适性描述。
3. 添加一条用户评价摘要。

（5）优化后的内容。

```markdown
【××Pro 无线降噪耳机】专业降噪，持久享受
核心卖点：
- 行业领先的-35dB 混合主动降噪，智能识别环境噪声类型，飞机轰鸣/办公室 chatter 一键消除。
- 20 小时单次续航（降噪开），充电盒额外提供 30 小时，充电 5 分钟可用 1 小时。
- 经音频专家调校的 10mm 生物振膜动圈，支持 AAC/LDAC 双解码。
舒适体验：
人体工学设计，单耳仅 4.2g，标配 S/M/L 三尺寸液态硅胶耳塞，连续佩戴 4 小时无压迫感。
用户说：
"降噪效果惊艳！地铁上几乎听不到报站声。"（北京张先生，回购 2 次）
"一周只需充一次电，出差神器。"（深圳李女士，科技博主）
限时福利：下单即送价值 199 元无损音乐年卡 + 防丢绳。
活动倒计时：12 小时 15 分
```

! 名师点拨：
- 电商文案要突出数字和具体效果。
- 使用符号和分段增强可读性。
- 添加用户评价增加可信度。
- 添加营造紧迫感的促销信息。

>_ 操作实践

下面通过案例演示使用 DeepSeek 完成学术论文摘要扩写。

原始文本：本研究探讨了机器学习在医疗诊断中的应用，通过实验证明提出的方法比传统方法更准确。

扩写目标：扩展为完整的学术论文摘要（250～300字）。

操作步骤如下。

（1）5W1H 分析。

- Who：研究团队？目标读者？
- What：具体是什么机器学习方法？
- When：研究时间段？数据时间跨度？
- Where：应用在哪些医疗场景？
- Why：为什么传统方法存在不足？
- How：实验设计？评估指标？

（2）输入结构化扩写指令。

请将下面的研究陈述扩写为标准学术论文摘要，包含如下内容。
1. 研究背景（2句）。
2. 方法创新（3～4句）。
3. 实验设计（数据集、对比方法、评估指标）。
4. 主要发现（含具体数据）。
5. 理论/实践意义（1～2句）。
要求如下。
- 使用被动语态。
- 包含3～5个专业术语。

- 250 字左右。
原始文本：本研究探讨了机器学习在医疗诊断中的应用，通过实验证明提出的方法比传统方法更准确。

（3）DeepSeek 生成初稿。

近年来，医疗影像诊断面临假阳性率高、专家资源分布不均等挑战。本研究提出一种基于深度卷积神经网络（DCNN）和注意力机制的多模态融合诊断框架（MFDF）。采用 ResNet-50 作为主干网络，集成通道注意力模块（CBAM）增强病灶区域特征提取，通过特征级融合处理 CT、MRI 多模态数据。实验使用 NIH 公开的 CheXpert 数据集（224,316 张胸部 X 光片）和本地三甲医院提供的 3,152 例病例，对比支持向量机（SVM）、随机森林（RF）等传统方法。结果表明，MF-DF 在敏感性（92.3% vs 85.7%）、特异性（89.1% vs 82.4%）和 AUC 值（0.94 vs 0.87）上均显著优于对照方法（$p<0.01$）。该研究为自动化医疗诊断提供了可解释性更强的新思路。

（4）提升专业度。

请进行以下改进。
1. 添加具体基线模型名称。
2. 说明数据预处理步骤。
3. 补充统计检验方法。

（5）DeepSeek 生成优化后的内容。

医疗影像诊断领域长期受限于传统机器学习方法的特征工程依赖性和泛化能力不足。本研究开发了基于深度卷积神经网络（DCNN）与注意力机制的多模态融合诊断框架（MF-DF），旨在提升复杂医疗场景下的诊断准确性。方法上，以 DenseNet-121 为特征提取器，集成空间-通道双注意力模块（SC-Att），采用早融合策略整合 CT 和 MRI 多模态数据。实验使用 NIH CheXpert 数据集（224,316 张 X 光片，14 种病理标签）及本地三甲医院 3,152 例经病理证实的病例，对比包括 SVM（RBF 核）、RF（1000 棵树）、EfficientNet-b4 等基线模型。所有数据均经过标准化、中心裁剪及数据增强处理。评估采用五折交叉验证，结果显示 MF-DF 在敏感性（92.3%±1.2 vs 85.7%±2.1）、特异性（89.1%±0.8

vs 82.4%±1.5）及 AUC（0.94±0.01 vs 0.87±0.03）上均显著优越（Mann-Whitney U 检验，$p<0.001$）。本研究为减少医疗诊断中的假阴性错误提供了可靠解决方案。

4.1.4 文本改写——丰富细节更生动

文本改写是在保留文本原意的前提下改变表达方式，与扩写和续写不同，改写更注重表达形式的转换。DeepSeek 能够智能理解原文的语义和风格，快速生成改写版本，帮助创作者避免重复、优化表达或适应不同受众。无论是学术论文、商业文案还是创意写作，它都能精准调整措辞、简化复杂句子或增强语言风格，让文本在保留原意的基础上焕然一新，展现全新的魅力。

1. 同义替换法

原理：用同义词或相近表达替换原文词汇。

适用场景：避免重复、调整语气。

操作步骤如下。

（1）识别原文中可替换的关键词。

（2）保持句子结构基本不变，选择语义相近但形式不同的表达。

示例如下。

原文：这项研究取得了重大突破。

改写：该研究获得了显著进展。

2. 句式重构法

原理：改变文本语法结构而不改变原意。

适用场景：增强文本多样性、适应不同读者群体。

常用技巧如下。

- 主动被动转换。
- 主从句结构调整。

- 合并或拆分句子。
- 词性转换（动词变名词等）。

示例如下。

原文：科学家发现了新的基因编辑技术。

改写：新的基因编辑技术被科学家发现。

3. 风格转换法

原理：改变文本的整体风格和语气。

适用场景：适应不同场合、目标读者或平台。

常见风格转换如下。

- 正式→非正式。
- 学术→口语。
- 客观→情感化。
- 简洁→详尽。

4. 视角转换法

原理：改变叙述者的人称或立场。

适用场景：多角度呈现内容、调整主观程度。

常见视角转换如下。

- 第一人称→第三人称。
- 主观评价→客观陈述。
- 专家视角→用户视角。

5. 结构重组法

原理：重新组织文本的逻辑结构和信息呈现顺序。

适用场景：优化信息流、突出重点内容。

操作方法如下。

（1）提取原文核心信息点。

（2）重新设计信息呈现顺序。

（3）调整段落间逻辑关系。

（4）添加或删除过渡内容。

>_ 操作实践

下面通过案例演示使用 DeepSeek 完成学术论文降重改写。

原始文本：机器学习算法在图像识别领域的应用已经取得了显著进展。特别是深度学习技术，通过多层神经网络结构，能够自动提取图像特征，大大提高了识别准确率。近年来，卷积神经网络（CNN）在医学影像分析中表现尤为突出。

改写目标：降低重复率，保持学术严谨性。

操作步骤如下。

（1）分析原文结构。

- 总述机器学习在图像识别领域的进展。
- 强调深度学习的优势。
- 具体说明 CNN 在医学影像领域的应用。

（2）输入改写指令。

请对以下学术文本进行专业改写，要求如下。

1. 保留所有关键信息点。

2. 改变句式结构和词汇选择。

3. 保持学术严谨性。

4. 适当增加近期研究数据。

5. 输出长度与原文本相当。

原始文本：机器学习算法在图像识别领域的应用已经取得了显著进展。特别是深度学习技术，通过多层神经网络结构，能够自动提取图像特征，大大提高了识别准确率。近年来，卷积神经网络（CNN）在医学影像分析中表现尤为突出。

（3）DeepSeek 生成初稿。

计算机视觉领域因机器学习方法的应用而获得革命性提升。其中，基于多层次非线性变换的深度学习架构，凭借其自动特征学习能力，使图像分类精度得到质的飞跃。据 IEEE TMI 2023 年统计，卷积神经网络在放射学图像诊断中的平均准确度已达 92.7%，显著超越传统算法。

（4）专业性验证。

请检查以下内容并确保正确。
1."多层次非线性变换"准确描述深度学习。
2.IEEE TMI 是医学影像权威期刊。
3.92.7% 数据有可靠来源。

（5）DeepSeek 生成最终结果。

图像识别技术近年来实现了跨越式发展，这主要归功于机器学习算法的创新应用。在各类方法中，深度神经网络通过分层特征提取机制，有效解决了传统图像分析中人工设计特征的局限性。特别值得注意的是，卷积神经网络架构在医疗诊断领域展现出卓越性能，最新临床数据显示其在 CT 影像识别任务中达到 93.2% 的准确率（来源：Nature Medicine 2024），为辅助诊断提供了可靠工具。

> [!] **名师点拨：**
> - 专业术语改写需谨慎验证。
> - 添加最新数据提升时效性。
> - 保持客观严谨的语气。
> - 引用权威来源增加可信度。

4.2 求职招聘信息写作——连接人才与机遇的桥梁

DeepSeek 可以作为 HR 和求职者的高效智能助手，通过智能解析岗位需求、优化简历亮点、生成专业求职信等功能，让招聘信息精准触达目标人群，助力求职者突出核心竞争力。无论是技术岗位的硬技能展示、管理岗位的软实力提炼，还是跨行业求职的适应性表达，DeepSeek 都能提供数据驱动的写作支持，让文字在职业发展的赛道上精准发力，成就双向奔赴的职业新篇章。

4.2.1 撰写求职信——求职敲门砖更有力

求职信是求职者向用人单位发送的个人资料，用于介绍个人背景、表达求职意愿、展示自身能力和与应聘岗位的匹配度。在职场中，一封出色的求职信能显著提升求职者的竞争力。

撰写一封出色的求职信是获得面试机会的关键一步。DeepSeek 作为强大的 AI 写作助手，能够帮助求职者高效完成专业、个性化的求职信撰写。下面将系统讲解使用 DeepSeek 撰写求职信的方法，并提供详细案例。

1. 岗位匹配分析法

原理：深度分析招聘 JD，提取关键要求并匹配自身优势。

操作步骤如下。

（1）提取招聘信息中的硬性要求（学历、技能等）。

（2）识别隐含的软性要求（沟通能力、团队合作等）。

（3）列出自身匹配的 3～5 个核心优势。

（4）用具体案例证明匹配度。

示例指令如下。

```
请分析以下招聘要求，并列出我应该重点突出的 3 项核心优势：
[ 招聘 JD ]
我的相关经历：
[ 简述经历 ]
```

2. STAR故事构建法

原理：用 Situation-Task-Action-Result 结构展示成就。

适用场景：需要量化成果的岗位申请。

模板如下。

- Situation：项目 / 工作背景。
- Task：承担的责任。
- Action：采取的具体行动。
- Result：达成的可量化成果。

3. 个性化开头设计法

原理：避免模板化开头，建立与用人单位的独特连接。

常用技巧如下。

- 提及企业近期成就。
- 引用企业价值观。
- 讲述与企业的个人故事。
- 提出行业见解。

4. 价值主张提炼法

原理：明确表达自己能为用人单位带来的独特价值。

操作步骤如下。

（1）识别企业痛点（通过招聘 JD 或行业分析）。

（2）匹配自身能解决的 3 个关键问题。

（3）用简洁有力的语言表达。

5. 职业叙事整合法

原理：将职业经历编撰成有逻辑的成长故事。

叙事结构如下。

- 起点：最初的专业/职业选择。
- 发展：关键转折点和学习路径。
- 现状：当前的能力水平。
- 未来：与应聘岗位的契合点。

操作实践

下面以应届毕业生申请市场营销助理为例，演示使用 DeepSeek 完成求职信撰写。

案例背景如下。

- 申请人：王小雨，市场营销专业应届毕业生。
- 应聘岗位：××科技市场营销助理。
- 优势：拥有市场部实习、校园推广活动经验。

操作步骤如下。

（1）分析招聘要求。

用户输入指令如下。

```
请分析以下招聘 JD，提取关键要求。
负责新媒体内容策划与执行，协助市场活动落地，监测推广效果。市场营销相关专业，熟悉社交媒体运营，有活动策划经验优先，良好的数据分析能力。
```

DeepSeek 输出结果如下。

```
关键要求分析：
1. 专业要求：市场营销相关专业。
2. 硬技能：社交媒体运营、活动策划、数据分析。
3. 软技能：执行力、团队协作。
4. 加分项：相关实践经验。
```

（2）构建核心段落。

用户输入指令如下。

```
请帮我用 STAR 法则撰写一段实习经历描述，突出社交媒体运营和数据分析能力。
```

- 情境：在 ×× 公司市场部暑期实习。
- 任务：负责微信公众号内容更新和数据分析。
- 行动：策划了 3 个专题内容系列，建立阅读量追踪表。
- 结果：平均阅读量提升 35%，新增粉丝 1200+。

DeepSeek 输出结果如下。

在 ×× 公司市场部暑期实习期间，我负责运营企业微信公众号。面对内容同质化严重的问题，我策划了"科技前沿""客户故事"和"行业洞察"3 个专题内容系列，并建立详细的数据追踪表，分析不同内容类型的阅读量、分享率和转化效果。通过持续优化内容策略，最终实现平均阅读量提升 35%，账号新增粉丝 1200+，其中"客户故事"系列的转化率高达 8%，远超行业平均水平。

（3）生成完整求职信。

用户输入指令如下。

请根据以下信息生成一封求职信。
- 应聘岗位：×× 科技市场营销助理。
- 教育背景：×× 大学市场营销学士（2025 届）。
- 核心优势：新媒体运营实习经验（如上述 STAR 描述）、校园"科技文化节"策划经验（参与人数 500+）、熟练使用 Excel 和 Google Analytics 进行数据分析。
- 个性化开头：提及 ×× 科技最近推出的 AI 营销平台。
- 结尾：表达对 AI+ 营销的兴趣和学习意愿。

要求控制在 300 字以内，专业但富有朝气。

DeepSeek 输出结果如下。

markdown

尊敬的 ×× 科技招聘负责人：

获悉贵司最新推出的"智营"AI 营销平台在行业内引起广泛关注，作为一名即将毕业的市场营销专业学生，我对 AI 技术与营销的融合充满热情，特此申请市场营销助理岗位。

作为 ×× 大学市场营销专业 2025 届毕业生，我不仅系统学习了市场分析、消费者行为等专业知识,更通过实践积累了扎实的运营经验。在××公司市场部实习期间,我负责微信公众号运营,通过策划3个专题内容系列和建立数据追踪体系,实现平均阅读量提升35%,新增粉丝1200+。此外,我主导策划的校园"科技文化节"吸引500+师生参与,锻炼了我的活动执行和团队协作能力。

熟练掌握Excel和Google Analytics的我,能够高效处理营销数据,为决策提供支持。我期待将专业知识与实践经验带入××科技,与团队共同探索AI赋能营销的无限可能。

附件为我的详细简历,期待有机会与您进一步交流。感谢您的时间与考虑!

此致

敬礼

王小雨

2025年××月××日

联系电话:××

（4）优化调整。

用户输入指令如下。

请进行以下优化。
1. 在校园活动经验中加入具体成果。
2. 增加与企业价值观契合的表达。
3. 检查并确保无语法错误。

（5）生成最终结果。

DeepSeek输出结果如下。

markdown

尊敬的××科技招聘负责人:

获悉贵司最新推出的"智营"AI营销平台在行业内引起广泛关注,这与贵司"用科技重塑营销体验"的使命高度契合。作为一名即将毕业的市场营销专业学生,我对AI技术与营销的融合充满热情,特此申请市场营销助理岗位。

……（中间部分保持不变。）

此外,我主导策划的校园"科技文化节"通过精准的社群营销和KOL合作,吸引 500+ 师生参与，活动相关话题在校内平台获得 2 万 + 曝光，锻炼了我的创意策划和资源整合能力。

……（后续部分保持不变。）

4.2.2 根据招聘信息优化简历——简历匹配更精准

优化简历是根据求职目标，对个人信息、教育背景、工作经历、技能专长等进行梳理与调整，使自身优势更加突出，从而吸引用人单位注意。在职场中，优化简历有助于求职者快速脱颖而出，增加获得面试机会和工作机会的可能性。

在求职过程中，DeepSeek 可以帮助用户快速分析招聘信息，并精准优化简历内容，使其更符合 HR 和 ATS（招聘系统）的筛选标准。以下是详细的方法和案例。

DeepSeek 优化简历的方法主要包括以下几种。

- JD（Job Description）关键词提取法：解析招聘信息，提取核心技能和需求关键词，融入简历。
- 经历对标法：调整工作经历描述，使其更贴近岗位要求。
- 技能强化法：突出与岗位最相关的硬技能和软技能。
- ATS 兼容优化：确保简历格式和术语能被招聘系统解析。

操作实践

下面演示使用 DeepSeek，通过 JD 关键词提取法优化简历。

案例背景如下。

- 求职者：Java 后端开发工程师，拥有 3 年从业经验。
- 目标岗位：某大厂高级 Java 开发工程师。
- 招聘信息关键要求：

①精通 Spring Boot、微服务架构。

② 有高并发系统设计经验。

③ 熟悉 MySQL、Redis、消息队列（Kafka/RabbitMQ）。

④ 有团队协作和项目管理经验。

操作步骤如下。

（1）上传简历和招聘信息。

将现有简历（Word 或 PDF）和招聘信息（JD）上传至 DeepSeek。

（2）输入优化指令。

请根据这份 JD 优化我的简历，要求如下。

1. 提取 JD 中的核心关键词，并匹配到我的工作经历中。
2. 调整项目描述，突出"高并发""微服务"等关键词。
3. 技能栏按优先级排序（Spring Boot > MySQL > Redis）。
4. 确保格式兼容 ATS（无复杂表格、特殊符号）。

（3）DeepSeek 生成优化建议。

原简历（部分）如下。

---

markdown

工作经历

××科技有限公司 | Java 开发工程师 | 2021.07—2024.05

● 负责公司后台系统的开发和维护。

● 使用 Spring 框架进行模块开发。

● 优化数据库查询，提升系统响应速度。

项目经验

● 电商平台开发。

● 参与订单模块开发。

● 使用 Redis 缓存用户数据。

优化后简历（DeepSeek 建议调整部分）如下。

markdown

工作经历

××科技有限公司 | Java 开发工程师 | 2021.07—2024.05

- 基于 Spring Boot 开发并维护公司微服务架构后台系统,支撑日均 10 万+并发请求。
- 设计并优化 MySQL 分库分表策略,查询性能提升 40%。
- 使用 Redis 缓存热点数据,降低数据库负载 30%。

项目经验

- 高并发电商平台(日均 PV 50 万+)。
- 主导订单微服务开发,采用 Kafka 异步处理订单消息,峰值 QPS 达 5000+。
- 通过分布式锁和 Redis 集群解决超卖问题,系统稳定性提升 99.9%。

(4)优化调整。

如需增加团队协作内容,可以追加指令。例如:在项目经验中加入团队管理相关描述。

示例输出:带领 3 人小组完成订单系统重构,通过 Scrum 敏捷开发提前 2 周上线。

通过 DeepSeek,你的简历将不再"石沉大海",而是成为精准匹配岗位需求的敲门砖!

4.2.3 生成自我介绍——展现自我有亮点

自我介绍是个人在职场或社交场合中,简短明了地向他人介绍自己的基本信息、职业背景、专业技能及个性特点的过程。在职场中,有效的自我介绍能帮助我们迅速建立良好的第一印象,促进人际沟通与合作,为职业发展奠定良好基础。

DeepSeek 作为强大的 AI 助手,能够帮助用户根据不同场景生成专业、得体的自我介绍。下面将讲解 5 种自我介绍生成方法,并提供详细案例。

1. 场景适配法

原理：根据使用场景调整自我介绍的内容和风格。

主要场景如下。

- 求职面试。
- 社交活动。
- 公开演讲。
- 线上社群。
- 商务洽谈。

场景特征对比如表 4-2 所示。

表 4-2 场景特征对比

场景	时长	重点内容	风格
求职面试	1～3 分钟	能力与岗位匹配度	专业、结构化
社交活动	0.5～1 分钟	个人特色与连接点	轻松、有个性
公开演讲	2～5 分钟	专业权威与演讲主题关联	自信、有感染力
线上社群	0.5～1 分钟	身份标签	简洁、有记忆点
商务洽谈	1～2 分钟	合作资源与共赢点	稳重、结果导向

2. 价值定位法

原理：明确并突出自己能为对方带来的独特价值。

实施步骤如下。

（1）分析听众需求。

（2）识别自身核心优势。

（3）构建"需求 - 优势"匹配陈述。

（4）用案例证明价值。

3. 故事叙述法

原理：用故事形式展现个人成长或专业成就。

故事结构如下。

- 挑战：面临的困难、问题。
- 行动：采取的措施、解决方案。
- 结果：取得的成果、收获。
- 启示：展现的个人特质、能力。

4. 标签记忆法

原理：设计 3 个易记的个人标签，增强印象。

标签类型如下。

- 专业标签：行业、技能关键词。
- 特色标签：独特经历或能力。
- 价值标签：能为他人提供的帮助。

5. 互动引导法

原理：在结尾设计互动环节，引发互动。

常用技巧如下。

- 提出有趣的问题。
- 邀请特定类型的交流。
- 分享可深入讨论的话题。
- 提供联系方式或社交账号。

>_ 操作实践

下面演示使用 DeepSeek 撰写应届毕业生求职面试自我介绍。

案例背景如下。

- 姓名：王××。
- 背景：××大学市场营销专业 2025 届毕业生。

- 应聘岗位:某快消品牌市场部管培生。
- 优势:市场部实习经历,数据分析能力,英语流利。

操作步骤如下。

(1)分析岗位需求,输入指令如下。

> 请根据以下招聘 JD,分析快消品牌市场部管培生岗位可能看重的 3 项核心能力。负责市场数据分析、竞品调研、活动策划执行。要求:市场营销相关专业,数据分析能力,创意策划能力,英语流利,团队协作精神。

(2)DeepSeek 输出结果如下。

> 核心能力分析:
> 1. 数据分析能力:处理市场数据,支持决策。
> 2. 创意策划能力:提出创新营销方案。
> 3. 团队执行能力:将方案落地实施。

(3)构建 STAR 案例,输入指令如下。

> 请用 STAR 结构帮我组织一段实习经历描述,突出数据分析能力和创意策划能力。
> 情境:在 ×× 公司市场部实习。
> 任务:协助夏季促销活动策划。
> 行动:分析历史销售数据,提出针对学生群体的创意方案。
> 结果:活动参与人数提升 40%,销售额增长 25%。

(4)DeepSeek 输出结果如下。

> 在 ×× 公司市场部实习期间,我负责协助夏季促销活动策划。通过分析过去 3 年的销售数据,我发现学生群体在暑期的消费潜力被低估。基于这一洞察,我策划了"校园 KOL 挑战赛"创意活动,邀请 10 所高校的校园达人参与产品体验挑战。活动最终吸引 5000+ 学生参与,带动相关产品线销售额增长 25%,超额完成目标。

(5)生成完整自我介绍,输入指令如下。

请根据以下信息生成 1.5 分钟左右的面试自我介绍。
- 基本信息：王××，×× 大学市场营销专业 2025 届毕业生。
- 核心优势：数据分析能力（如上 STAR 案例）、创意策划能力（校园"品牌创新大赛"冠军）、英语能力（雅思 7.5 分，国际交换经历）。
- 个性特点：好奇心强，喜欢研究消费者行为。
- 结尾：表达对快消行业的热情。

要求：结构化，有记忆点，突出与岗位的匹配度。

（6）DeepSeek 输出结果如下。

```markdown
面试官您好，我是王××，×× 大学市场营销专业 2025 届毕业生，应聘市场部管培生岗位。请允许我用三个关键词介绍自己。

第一，数据驱动的营销思维。在 ×× 公司市场部实习期间，我通过分析历史销售数据发现学生群体的暑期消费潜力，策划的"校园 KOL 挑战赛"吸引 5000+ 人参与，带动销售额增长 25%。这段经历让我深刻理解数据如何指导创意。

第二，创新执行力。作为校园"品牌创新大赛"冠军团队队长，我们设计的虚拟试妆 App 原型获得评委一致好评，这个项目从用户调研到原型设计只用时 3 周，展现了我的快速学习能力和项目推进能力。

第三，国际视野。雅思 7.5 分的我曾在伦敦商学院交换学习，其间我系统学习了全球品牌管理课程，这段经历让我对不同文化背景的消费者行为差异产生浓厚兴趣。

选择快消行业是因为我热爱这个瞬息万变、消费者至上的领域，期待能用我的数据分析能力、创意热情和对消费者的好奇心，为贵司品牌增长贡献力量。以上就是我的自我介绍，谢谢！
```

（7）优化调整，输入指令如下。

请进行以下优化。
1. 在开头增加一个记忆点。
2. 将第三个优势与数字化营销趋势结合。
3. 检查时间是否控制在 1.5 分钟内。

（8）DeepSeek 优化后的最终效果如下。

> markdown
> 面试官您好，我是王××，一个通过分析校园便利店消费数据写出 10 万 + 爆款文章的市场营销人。今天应聘市场部管培生岗位，我想用三个关键词介绍自己。
> 第一，数据驱动的营销思维……（中间部分保持不变。）
> 第三，数字化营销洞察。雅思 7.5 分的我曾在伦敦商学院交换学习，其间完成的《Z 世代社交电商行为研究》让我看到内容与电商融合的巨大潜力。我持续关注 AR/VR 等新技术在快消品行业的应用可能，这些观察记录在我的营销博客上，月均阅读量 1 万 +。
> ……（结尾部分保持不变。）

⚠ **名师点拨：**
- 应届生要突出学习能力和实践成果。
- 用具体案例和数据增强说服力。
- 设计有记忆点的开头。
- 展现对行业趋势的关注。

4.2.4 生成招聘信息——招贤纳士有妙招

招聘信息是用人单位为吸引求职者而发布的详细岗位信息，通常包含岗位描述、岗位要求、薪资范围、工作地点及应聘方式等。在职场中，招聘信息是连接求职者与用人单位的桥梁，有助于用人单位快速筛选合适人才，促进职场供需匹配与人才流动。

招聘信息是吸引优质人才的关键，一份清晰、精准且具有吸引力的招聘信息能显著提升求职者投递率。DeepSeek 可以帮助用人单位快速生成结构化、高转化、符合行业标准的招聘信息，以下是具体方法和案例。

1. 岗位拆解法

输入岗位核心职责和技能要求,生成标准招聘 JD(Job Description)。

2. 竞品对标法

分析同行招聘信息,优化 JD 的竞争力。

3. 风格适配法

调整语言风格(如"互联网大厂风""传统企业正式风")。

4. SEO 优化法

嵌入高频搜索词,提升招聘信息在平台(如 BOSS 直聘、拉勾)上的曝光率。

操作实践

下面演示使用 DeepSeek,通过岗位拆解法生成互联网公司招聘 JD。

案例背景如下。

- 公司:某头部互联网公司。
- 岗位:高级产品经理(用户增长方向)。
- 核心需求:3 年以上用户增长经验,熟悉 A/B 测试、漏斗优化,有从 0 到 1 搭建增长体系的经验。

操作步骤如下。

(1)向 DeepSeek 输入岗位核心信息,输入指令如下。

请生成一份"高级产品经理(用户增长方向)"的招聘信息,要求如下。
1. 岗位职责:包含用户增长策略制定、数据驱动优化、跨团队协作。
2. 任职要求:3 年以上经验,熟悉 A/B 测试、SQL 基础。
3. 加分项:有成功案例(如 DAU 提升 30%+)。
4. 公司福利:弹性工作时间、股权激励、年度旅游。
5. 语言风格:互联网大厂风(简洁、有活力)。

(2) DeepSeek 输出结果如下。

```markdown
高级产品经理（用户增长方向）
岗位职责
- 负责核心产品的用户增长策略制定与落地，通过 A/B 测试、漏斗优化提升转化率。
- 基于数据分析（SQL+BI 工具）挖掘增长机会，推动产品迭代。
- 协同市场、运营团队设计裂变活动，实现低成本用户获取。

任职要求
- 3 年以上互联网用户增长经验，有从 0 到 1 增长案例优先。
- 熟练使用 A/B 测试工具（Optimizely/VWO），具备基础 SQL 能力。
- 对数据敏感，能独立完成 ROI 分析与策略调整。

加分项
- 曾主导过 DAU 30%+ 的增长项目。
- 熟悉社交裂变、红包补贴等增长玩法。

我们提供
- 薪资范围：30～50K，16 薪。
- 弹性工作时间 + 硅谷式办公环境。
- 股权激励、年度旅游。

投递方式
简历请发送至 hr@company.com，标题注明"姓名 + 用户增长"。
```

(3) 优化调整，输入指令如下。

> 加入团队背景，如"团队成员来自 BAT、字节等大厂"。

(4) DeepSeek 输出结果如下。

> 团队文化：90 后为主，扁平管理，成员来自 BAT/字节等一线大厂。

通过 DeepSeek，你的招聘信息将成为精准吸引目标人才的利器！

4.3 论文写作——研究成果的范式化表达

学术研究需要严谨的表达与规范的范式。DeepSeek 可以为研究者提供专业的智能写作辅助平台，通过智能生成论文框架、优化研究方法、规范学术表达等功能，帮助研究者高效完成从研究构思到论文撰写的全过程。

4.3.1 实习报告写作——实习成果完美呈现

实习报告是学生在实习期间对所学知识和实践经验的总结与展示，对于提升个人能力、梳理实习收获及为未来职业发展积累经验具有重要意义。然而，撰写实习报告往往需要耗费大量时间和精力，尤其是在梳理实习成果、分析数据和撰写内容方面。DeepSeek 作为一款强大的智能写作工具，能够帮助学生快速生成高质量的实习报告，从内容构思、结构搭建到语言润色，全方位提升写作效率，让实习成果得以完美呈现。

使用 DeepSeek 撰写实习报告的基本流程如下。

（1）明确报告结构。

在撰写实习报告之前，需要先明确报告的基本结构，通常包括以下几个部分。

- 封面：实习单位、实习岗位、姓名、学校等基本信息。
- 目录：列出报告的主要章节和子章节。
- 实习单位介绍：简要介绍实习单位的基本情况。
- 实习岗位与职责：描述实习岗位的主要工作内容和职责。
- 实习成果与收获：详细总结实习期间的成果、项目经验和个人成长。
- 实习总结与反思：对实习经历进行总结，提出自己的感悟和未来计划。
- 致谢：感谢指导老师、实习单位和其他相关人员。

（2）使用提示词生成大纲。

DeepSeek 提供智能写作辅助功能，能够根据输入的主题或关键词生成初步的大纲。例如：我需要撰写一份实习报告，实习单位为××公司市场部，岗位是新媒体运营助理，实习时间为2025年3—5月，请生成包含章节标题和子标题的完整大纲，要求突出数据成果与专业能力提升。

（3）内容生成。

调整并确认大纲后，分段填充内容。DeepSeek可以根据提示词生成相应的内容。

（4）语言风格优化。

如果对生成的内容不满意，可以使用DeepSeek对生成的内容进行语言润色和校对，检查语法错误、优化句子结构和提升语言表达的准确性。

①口语转专业表达。

提示词示例如下。

> 润色下面的文本，要求如下。
> 1. 使用学术化词汇（如"赋能""方法论""闭环"）。
> 2. 增加人力资源管理理论引用。
> 原文：我学会了怎么和同事沟通，处理客户投诉时更有耐心了。

②规避重复。

提示词示例如下。

> 用同义词替换、句式重组等方式改写以下文本，保持原意不变。
> 原文：（粘贴高度重复内容）……

名师点拨：撰写实习报告需要进行多次迭代与优化。在使用DeepSeek的过程中，可以根据指导老师的反馈，多次修改和完善报告内容，确保最终呈现的报告质量高、内容丰富。

操作实践

下面演示使用DeepSeek撰写市场营销实习报告。

案例背景如下。

实习单位：××电商公司（美妆类目）。

岗位：数字营销实习生。

实习时间：2025 年 6 月—8 月。

核心工作：社交媒体运营、KOL 合作、广告投放数据分析。

操作步骤如下。

（1）生成报告大纲，输入指令如下。

请为我的市场营销实习报告生成详细大纲，要求如下。
1. 包含学术性章节标题（如"4.1.1 小红书内容矩阵的搭建与效果评估"）。
2. 突出数据驱动的分析（如 ROI、CTR 等指标）。
3. 增加"理论联系实际"模块（如 STP 理论在选品中的应用）。
实习单位：××电商公司（美妆类目）。
岗位：数字营销实习生。
实习时间：2025 年 6 月—8 月。
实习内容：社交媒体运营、KOL 合作、广告投放数据分析。

（2）DeepSeek 生成的大纲如下。

```
1. 引言
  1.1 实习背景与公司简介
  1.2 实习目标（提升 SEO/SEM 实操能力）
2. 工作内容与成果
  2.1 社交媒体运营
    2.1.1 小红书爆文策略：30 篇笔记，3 篇阅读量 10w+
    2.1.2 抖音短视频 A/B 测试（对比竖屏 vs 横屏转化率）
  2.2 KOL 合作管理
    2.2.1 从 0 到 1 搭建 KOL 分级体系（S/A/B 级评判标准）
    2.2.2 合作 ROI 分析：头部 KOL 贡献 65% GMV
  2.3 广告投放优化
    2.3.1 Google Ads 关键词拓展策略（新增长尾词 200+）
    2.3.2 CTR 从 1.2% 提升至 2.7% 的优化路径
3. 反思与改进
  3.1 STP 理论在选品中的误用案例
```

3.2 PDCA 循环在广告投放中的实践

4. 附录(数据表格、作品链接)

(3)分模块填充内容(以"KOL 合作管理"为例)。

将原始笔记转化为专业表述,输入指令如下。

将以下工作内容原始笔记转化为市场营销专业表述,要求如下。

1. 使用术语,如"KOL 背调""CPS 分成""粉丝画像分析"。
2. 分点说明筛选标准和结果。
3. 加入数据支撑。

原始笔记:我负责联系网红,谈价格,看他们的粉丝是不是真人,最后选了 5 个带货效果好的。

DeepSeek 输出结果如下。

---

1. KOL 筛选与背调

 - 建立三维评估模型:粉丝真实性(灰豚数据检测 ≥ 85%)、内容垂直度(美妆类占比 >70%)、历史带货数据(CPS 分成率 ≥ 15%)。

 - 从 50 名候选 KOL 中筛选出 5 名 S 级合作对象(平均粉丝量 120w±)。

2. 合作模式优化

 - 采用"保底 + 阶梯佣金"模式,头部 KOL"@ 小美日记"单场 GMV 突破 80 万元。

 - 通过粉丝画像分析(18 ~ 24 岁女性占比 72%),反向优化选品清单。

---

(4)批判性反思(理论结合实践),输入指令如下。

针对"抖音 A/B 测试中横屏视频转化率低于预期"的情况:

1. 用 AIDA 模型分析用户行为断层点。
2. 结合《消费者行为学》(Solomon 版)提出 3 条改进建议。
3. 输出为 PPT 分页大纲(每页要点 + 图表位置说明)。

DeepSeek 输出结果如下。

1. 问题诊断(AIDA 模型)

- Attention 阶段：横屏封面图信息密度不足（热力图分析显示 30% 用户未停留）。
- Interest 阶段：前 3 秒未植入"痛点提问"（对比竖屏互动率低 42%）。
2. 理论指导改进
- 建议 1：应用"视觉显著性"原则（Solomon, 2020），强化封面对比色。
- 建议 2：前 3 秒加入"你有 ×× 烦恼吗"的共情话术。
- 建议 3：增加进度条提示（提升 15s 完播率）。

（5）格式优化与降重。

生成参考文献的输入指令如下。

按 APA 格式生成以下参考文献：
- 《数字营销实战指南》张伟，2024
- 论文《KOL 营销中的信任传递机制》《营销科学学报》2023(2)
- 行业报告《2025 美妆消费趋势》（艾瑞咨询）

进行降重处理的输入指令如下。

改写以下段落，要求如下。
1. 替换"转化率""用户画像"等同义词。
2. 将"首先/其次/最后"改为递进逻辑连接词。
原文：
首先通过用户画像确定目标群体，其次优化落地页提升转化率，最后通过 A/B 测试验证效果。

4.3.2 撰写论文大纲——论文写作有蓝图

撰写学术论文或毕业论文是一项复杂且系统的工作，需要严谨的逻辑和清晰的结构。论文大纲是论文写作的蓝图，它能够帮助作者梳理思路、规划内容、明确各部分之间的逻辑关系，从而提高写作效率和质量。DeepSeek 作为一款强大的智能写作工具，可以根据用户输入的主题或关键词快速生成论文大纲，为论文写作提供清晰的框架和方向。通过使用 DeepSeek，用户可以节省大量时间和精力，专注于内容的深化和细化，让论文写作更加高效和有条理。

操作实践

下面演示使用 DeepSeek 生成论文大纲。

案例背景如下。

- 研究领域：人工智能在教育中的应用。
- 论文类型：实证研究（定量分析）。
- 核心问题：AI 个性化教学对中学生数学成绩的影响。

操作步骤如下。

（1）输入研究主题，输入指令如下。

> 请生成一篇关于"AI 个性化教学对中学生数学成绩的影响"的实证研究论文大纲，要求如下。
> 1. 结构包括摘要、引言、文献综述、研究方法、结果、讨论、结论。
> 2. 研究方法部分需说明实验设计（对照组/实验组）。
> 3. 文献综述需涵盖近 5 年关键研究。

（2）DeepSeek 输出结果如下。

```markdown
论文大纲
1. 摘要
- 研究背景、方法、主要发现（300 字内）。
2. 引言
- AI 教育的兴起。
- 研究问题：AI 个性化教学能否显著提升数学成绩？
- 研究意义（理论 + 实践）。
3. 文献综述
- 个性化学习的理论基础（Vygotsky 最近发展区）。
- 近 5 年 AI 教育应用研究（如 Knewton、Carnegie Learning）。
- 研究缺口：长期效果评估不足。
```

4. 研究方法
- 设计：准实验设计（实验组 =AI 教学，对照组 = 传统教学）。
- 样本：某中学初二学生（N=200）。
- 工具：前测／后测试卷、AI 平台日志分析。

5. 结果
- 实验组成绩提升显著（$p<0.05$）。
- 低分组学生进步最大（效应量 d=0.8）。

6. 讨论
- 结果与文献对比（如与 Zhao 2022 年研究一致）。
- 局限性：样本单一、未控制家庭因素。

7. 结论
- AI 个性化教学有效，但需进一步研究长期影响。

（3）优化调整。

如需增加理论框架，可以追加指令。例如：在文献综述中加入"自我决定理论"。

示例修改如下。

> 新增段落：
> 自我决定理论（SDT）认为，个性化反馈能增强学习动机（Ryan & Deci, 2017），这与 AI 教学的适应性特征高度契合。

4.4 公文写作——高效行政文书的撰写技巧

DeepSeek 可以提供专业的公文写作辅助，帮助用户快速掌握各类行政文书的规范格式和写作要领，提升公文写作效率和质量。下面介绍使用 DeepSeek 辅助公文写作的方法与案例。

1. 明确要素

输入关键信息：文种、发文机关、主送单位、事由、具体要求（如"请示需结尾加'妥否，请批示'"）。

2. 结构生成

输入提示词：请生成[公文类型]模板，包含标题、主送单位、正文（依据＋事项＋结语）、落款等要素，要求符合《党政机关公文格式》GB/T 9704-2012标准。

3. 内容优化

输入补充指令：请将下文改为正式公文，要求①使用"经研究""现就有关事项通知如下"等公文惯用语；②删除口语化表达；③分层用"一、二、三"序号。

4. 格式校验

输入校验指令：请检查下文中，①标题是否用二号小标宋；②正文是否用三号仿宋；③行距是否为28磅；④页码是否按"×-×"格式。

操作实践

下面演示使用DeepSeek撰写通知类公文。

事由：某市卫健委开展冬季疫情防控专项检查。

操作步骤如下。

（1）在DeepSeek中输入指令。

> 生成关于开展冬季疫情防控专项检查的通知，发文机关为××市卫健委，主送各区县卫健局，检查时间为12月1—15日，要求报送整改报告。

（2）DeepSeek生成内容后，输入补充指令。

> 增加"四不两直"检查方式表述，补充"联系人：王××，联系电话××"。

（3）DeepSeek 最终输出结果如下。

> ××市卫生健康委员会关于开展冬季疫情防控专项检查的通知
> ××〔2023〕15 号
> 各区县卫生健康局：
> 为落实省疫情防控指挥部第 10 次会议精神，经研究，定于 2023 年 12 月 1 日至 15 日采取"四不两直"方式开展专项检查。现将有关事项通知如下：
> 一、检查内容
> (1) 发热门诊规范化运行……
> 二、工作要求
> ……
> 联系人：王××，联系电话：××
> ××市卫生健康委员会
> 2023 年 11 月 20 日

操作实践

下面演示使用 DeepSeek 撰写请示类公文。

事由：某学校申请购置教学设备经费。

操作步骤如下。

（1）在 DeepSeek 中输入指令。

> 代××中学写购置多媒体教学设备的请示，主送市教育局，需 50 万元，现有设备约 80% 已使用超 5 年。

（2）DeepSeek 生成内容后，输入补充指令。

> 加入《教学设备老化检测报告》附件作为依据。

（3）DeepSeek 最终输出结果如下。

> 关于申请教学设备更新专项资金的请示
> ××〔2023〕8 号
> 市教育局：

我校现有多媒体设备 158 台,其中 126 台(占比约 80%)使用超 5 年(详见附件检测报告)。拟采购智能教学一体机 30 台,共需 50 万元。

妥否,请批示。

附件:

1. 教学设备老化检测报告
2. 设备采购清单

××中学(盖章)

2023 年 11 月 15 日

操作实践

下面演示使用 DeepSeek 撰写报告类公文。

事由:某县洪灾应急处置工作报告。

操作步骤如下。

(1)在 DeepSeek 中输入指令。

> 写××县政府关于××洪灾应急处置的报告,主送市政府,含灾情概况(受灾人口 2.3 万人)、处置措施(转移群众 5000 人)、重建计划。

(2)DeepSeek 生成内容后,输入补充指令。

> 在开头加入"现将有关情况报告如下"标准引语。

(3)DeepSeek 最终输出结果如下。

××县人民政府关于××特大洪灾应急处置工作的报告

××〔2023〕12 号

市政府:

2023 年××月××日,我县遭遇特大暴雨……现将有关情况报告如下:

一、灾情基本情况

累计受灾人口 2.3 万人,直接经济损失……

二、应急处置措施

(1)紧急转移安置群众 5000 人……

三、下一步工作计划

……

××县人民政府

2023年××月××日

> **操作实践**

下面演示使用 DeepSeek 撰写通报类公文。

事由：某公司安全生产事故批评通报。

操作步骤如下。

（1）在 DeepSeek 中输入指令。

> 写××集团关于第三车间安全生产事故的通报，主送各分公司，事故造成1人轻伤，原因系违规操作，要求全集团排查。

（2）DeepSeek 生成内容后，输入补充指令。

> 加入"引以为戒""举一反三"等警示用语。

（3）DeepSeek 最终输出结果如下。

××集团有限公司关于第三车间安全生产事故的通报

××〔2023〕25号

各分公司：

2023年11月10日，第三车间发生机械伤害事故……经查系操作员未遵守规程所致。现通报批评：

一、事故处理

(1) 对责任人张××记过处分……

二、整改要求

各单位需举一反三，11月30日前完成……

××集团有限公司

2023年11月12日

> **操作实践**

下面演示使用 DeepSeek 撰写函类公文。

事由：某高校商洽联合办学事宜。

操作步骤如下。

（1）在 DeepSeek 中输入指令。

> 代××大学写商洽函，主送××职业技术学院，提议共建"智能制造产业学院"。

（2）DeepSeek 生成内容后，输入补充指令。

> 加入"贵校""盼复"等礼貌用语。

（3）DeepSeek 最终输出结果如下。

> ××大学关于共建产业学院的商洽函
> ××〔2023〕18号
> ××职业技术学院：
> 贵校在技能人才培养方面优势突出……拟共建"智能制造产业学院"。盼复。
> 联系人：李××
> 联系电话：××
> ××大学（盖章）
> 2023年11月18日

操作实践

下面演示使用 DeepSeek 撰写纪要类公文。

事由：某项目协调推进会。

操作步骤如下。

（1）在 DeepSeek 中输入指令。

> 整理××项目推进会纪要，时间为2023年11月15日，地点为302会议室，决议：①设计稿11月25日前定稿；②施工方12月1日进场。

（2）DeepSeek 生成内容后，输入补充指令。

> 按"会议认为→会议决定→会议要求"结构重组。

（3）DeepSeek 最终输出结果（部分）如下。

××项目第 3 次协调推进会纪要
（2023 年 11 月 15 日）
时间：2023 年 11 月 15 日 14：00
地点：公司 302 会议室
主持人：王××（项目经理）
会议决定：
1. 设计部 11 月 25 日前提交最终版施工图。
2. 中建三局 12 月 1 日进场施工……
参会人员：李××、张××等（详见签到表）

> **名师点拨**：撰写公文时需要把握以下几个要点。
> - 要素补全：当 DeepSeek 输出结果不完整时，输入"请补充发文机关代字和年份"等指令。
> - 文风调整：输入"改为机关事务语体"指令转换口语化内容。
> - 格式微调：输入"将标题改为方正小标宋简体，正文用仿宋_GB2312"等具体要求。

通过以上方法，可快速生成标准公文初稿，建议生成后由人工核对政策依据等关键信息。

4.5 宴会发言稿写作——让祝福更暖心

宴会发言稿需要契合场合氛围，兼顾情感表达与语言感染力。DeepSeek 可以帮助用户快速生成情感真挚、结构清晰、风格适配的发言稿。下面介绍方法和案例。

DeepSeek 生成发言稿的主要方法包括以下几种。
- 场景适配法：根据宴会类型（如生日、升学、婚宴）调整语言风格。

- 角色定位法：区分发言人身份（如寿星、父母、朋友），突出对应视角。
- 情感强化法：融入回忆、祝福、趣事等元素，增强感染力。
- 结构优化法：按"开场—主体—结尾"结构组织内容。

>_ 操作实践

下面演示使用 DeepSeek 撰写生日宴发言稿。

案例背景如下。

- 场合：30 岁生日宴。
- 发言人：寿星。
- 需求：轻松幽默，带有人生感悟。

操作步骤如下。

（1）在 DeepSeek 中输入指令。

请以寿星身份写一篇 30 岁生日宴发言稿，要求如下。

1. 风格：幽默自嘲 + 感恩亲友。
2. 内容如下。
- 开场：调侃"三十而立"。
- 主体：感谢父母、朋友，分享成长感悟。
- 结尾：举杯祝福。
3. 金句：加入 1～2 句哲理式总结。

（2）DeepSeek 输出结果如下。

---

markdown
30 岁生日宴发言稿
（开场，举杯）
感谢大家来见证我从"二十不惑"升级到"三十而立"！
有人说三十而立，但我看了看钱包——立是立了，就是有点歪。（全场笑）
（主体）
首先感谢我的父母，这 30 年你们没被我气出白发，绝对是医学奇迹！
还有我的朋友们，感谢你们在我穷、我丑、我单身时都没有抛弃我……

虽然现在我也没改进多少。（笑）

30 岁最大的感悟是：人生不是马拉松，而是自助餐。

有人拼命拿龙虾，有人专心吃甜点——

但只要你吃得开心，就是满分人生！

（结尾）

最后，祝在座各位：

钱包像我的体重一样膨胀，烦恼像我的发量一样稀少！

干杯！

（3）优化调整。

如需增加具体回忆，可以追加指令。例如：加入大学时和朋友的趣事。

示例修改如下。

特别感谢室友老王，当年帮我写了 32 封情书，虽然一封都没送出去……

>_ 操作实践

下面演示使用 DeepSeek 撰写升学宴发言稿（父母致辞）。

案例背景如下。

- 场合：孩子考上大学的升学宴。
- 发言人：父亲。
- 需求：真挚感人，突出感恩与期许。

操作步骤如下。

（1）在 DeepSeek 中输入指令。

请以父亲的身份写一篇孩子考上大学的升学宴发言稿，要求如下。

1. 情感：骄傲 + 感恩老师 + 期许未来。
2. 结构如下。
- 开场：感谢来宾。
- 主体：回顾孩子的成长历程，感谢关键人物。
- 结尾：对孩子的大学生活寄语。
3. 禁忌：避免过度说教。

（2）DeepSeek 输出结果如下。

> markdown
> 升学宴父亲发言稿
> （开场）
> 感谢各位亲朋、老师，今天是我们全家最幸福的日子！
> （主体）
> 还记得孩子高一第一次月考不及格，班主任李老师深夜打电话说："别急，这孩子眼里有光。"
> 今天这束光终于照亮了××大学的门槛！（掌声）
> 作为父母，我们只做了两件事——
> 一是相信他，二是"逼"他相信他自己。
> （对儿子）儿子，你证明了一切努力都值得！
> （结尾）
> 大学不是终点，而是看世界的起点。
> 愿你永远保持这份热爱，我们永远是你回头就能看到的港湾！

（3）优化调整。

如需增加幽默感，可以追加指令。例如：加入对孩子生活能力的调侃。

示例修改如下。

> 唯一担心的是，你连袜子都攒一周才洗，希望室友们多包涵！（笑）

>_ 操作实践

下面演示使用 DeepSeek 撰写婚宴发言稿（新郎致辞）。

案例背景如下。

- 场合：婚宴。
- 发言人：新郎。
- 需求：浪漫深情，穿插恋爱故事。

操作步骤如下。

（1）在 DeepSeek 中输入指令。

> 请以新郎的身份写一篇婚宴发言稿,要求如下。
> 1. 风格:深情+轻松。
> 2. 内容如下。
> ● 开场:感谢来宾。
> ● 主体:分享恋爱关键瞬间(如初次约会)。
> ● 结尾:承诺与祝福。
> 3. 点睛句:加入1句比喻式表白。

(2)DeepSeek 输出结果如下。

```markdown
新郎婚宴发言稿
(开场)
感谢大家见证我人生最幸运的时刻——
把"我的女孩"变成"我的太太"!

(主体)
第一次约会,她穿着白裙子在咖啡厅等我。
我紧张得把"你好"说成了"你喝"……(笑)
但她还是愿意和我这个笨蛋续杯,一续就是一辈子。
有人说爱情像酒,时间越久越醇厚。
可我对她的心动,永远像第一次喝气泡水——
噼里啪啦,止不住地上头。

(结尾)
我会永远记得今天。
记得你眼里的光,记得我手心的汗。
各位,请为我们的一辈子干杯!
```

(3)优化调整。

如需增加互动,可以追加指令。例如:让新郎问新娘一个问题。

示例修改如下。

老婆,现在我能把"你喝"改回"你好"了吗?(单膝跪地递话筒)

!名师点拨: 宴会发言稿注意要点。

(1)多版本生成。输入:生成3种风格的新娘致辞,①文艺;②搞笑;③感人。
(2)文化适配。输入:加入一句古诗词(如"执子之手"),用于中式婚礼。
(3)时长控制。输入:缩短到2分钟内,删减次要内容。
(4)生日宴发言稿要突出幽默与个性化,避免流水账;升学宴发言稿重点在于感恩与期许,忌攀比成绩;婚宴发言稿要突出爱情故事和承诺,保持真情实感。

4.6 创意写作——想象力的奇妙之旅

创意写作是释放想象力、探索无限可能的艺术。DeepSeek 为创作者提供了一个寻找灵感的平台,通过智能生成故事框架、角色设定、情节发展等,帮助创作者激发创作灵感,打破思维局限。无论是科幻冒险、爱情故事还是奇幻史诗,DeepSeek 都能助力创作者开启一场奇妙的创作之旅,让文字在想象的天空中自由翱翔,创作出令人惊叹的作品。

4.6.1 诗词写作——挥毫泼墨展才情

诗词写作是情感与意境的交融,是文字与韵律的艺术。DeepSeek 为创作者提供全方位辅助,让诗词写作更加得心应手。DeepSeek 可以根据主题、情感或意象生成诗词初稿,为创作者提供灵感起点;同时,推荐经典意象与典故,丰富诗词的文化内涵。DeepSeek 还可以校验韵律与格律,确保诗词符合传统规范;优化情感表达,让意境更加深远。无论是初学者还是资深诗人,借助 DeepSeek 的智能辅助,都能创作出富有感染力的诗词佳作,开启一场诗意盎然的创作之旅。下面介绍诗词写作的具体方法和案例。

DeepSeek 辅助诗词写作主要有以下方法。

- 主题输入法：输入主题（如"秋思""山水"），让 DeepSeek 生成符合意境的诗句。
- 风格模仿法：指定诗人（如李白、李清照）或流派（婉约派、豪放派），生成类似风格的作品。
- 自由创作法：生成自由体、散文诗等新派诗歌。

操作实践

下面通过主题输入法，使用 DeepSeek 生成古典七绝。

案例背景如下。

- 主题：秋夜思乡。
- 要求：符合七言绝句格律（平仄押韵），语言含蓄隽永。

操作步骤如下。

（1）输入创作指令。

请生成一首以"秋夜思乡"为主题的七言绝句，要求如下。

1. 符合平仄格律（仄起首句押韵式）。
2. 意象选用：明月、孤灯、落叶。
3. 情感基调：含蓄怅惘。

（2）DeepSeek 输出结果如下。

《秋夜寄怀》
仄仄平平仄仄平（韵）
孤灯明灭照寒窗，
平平仄仄仄平平（韵）
落叶纷飞夜未央。
平平仄仄平平仄（韵）
千里故园明月在，
仄仄平平仄仄平（韵）
清辉犹似旧时霜。

格律校验

- 押韵:窗(平水韵"三江")、央、霜(七阳),符合要求。
- 平仄:完全符合仄起首句押韵式(如"孤灯"对应"平平")。

(3)优化调整。

如需更强烈的情感,可以追加指令。例如:将最后一句改为更直白的思乡表达。

示例修改如下。

清辉怎解客心伤。

>_ 操作实践

下面通过风格模仿法,使用 DeepSeek 模仿李清照的风格填词。

案例背景如下。

- 词牌:《如梦令》。
- 模仿对象:李清照的婉约风格。
- 主题:暮春感怀。

操作步骤如下。

(1)在 DeepSeek 中输入创作指令。

模仿李清照的婉约风格,填写一首《如梦令》,主题为"暮春感怀",要求如下。
1. 使用李清照的常用意象(残花、细雨、酒)。
2. 语言清丽,情感细腻。
3. 符合《如梦令》格律(单调 33 字,五仄韵)。

(2)DeepSeek 生成结果如下。

《如梦令·暮春》
仄仄仄平平仄(韵)
昨夜雨疏风骤,
仄仄仄平平仄(韵)
满院落红谁收?
平仄仄平平(韵)

独倚小阑干,

仄仄仄平平仄（韵）

忍见柳绵吹瘦。

平仄（韵）

知否,

平仄（韵）

知否?

仄仄仄平平仄（韵）

春去不如归酒。

要点校验

- 押韵：骤、收、瘦、酒（词林正韵第十二部），符合要求。
- 意象：落红、柳绵、酒，贴合李清照常用词汇。

（3）优化调整。

如需增加典故，可以追加指令。例如：加入李清照《声声慢》的"雁过也"意象。

示例修改如下。

忍见雁回人瘦。

>_ 操作实践

下面通过自由创作法，使用 DeepSeek 生成现代散文诗。

案例背景如下。

- 主题：城市孤独。
- 核心意象：霓虹、地铁、玻璃幕墙。

操作步骤如下。

（1）输入创作指令。

生成一首关于"城市孤独"的现代诗，要求如下。
1. 采用自由体，段落错落有致。

2. 核心意象：霓虹、地铁、玻璃幕墙。

3. 结尾留有哲思余味。

（2）DeepSeek 生成结果如下。

《城市切片》
霓虹在视网膜上，
烙下 24 小时的溃疡。

地铁车厢里，
我们用口罩交换，
陌生的抗原。

玻璃幕墙倒映出，
一千个相同的影子——
谁在等待，
谁的回声？

风格分析
- 意象：溃疡（病态化都市）、抗原（社交疏离）、回声（孤独本质）。
- 结构：短句分行，强化节奏感。

（3）优化调整。

如需更强烈的对比，可以追加指令。例如：加入"乡村"作为对立意象。
示例修改如下。

而母亲来信说，老家的稻穗 / 仍垂向土地 / 像一句未完成的祷告。

⚠ **名师点拨**：诗词写作注意要点。

（1）多版本生成。输入：生成 3 种不同风格的《春晓》续写，①杜甫式沉郁；②王维式禅意；③现代口语化。

（2）典故嵌入。输入：化用"庄周梦蝶"典故，颔联对仗。

（3）词牌定制。输入：自创一个词牌，双调 58 字，上下片各三仄韵，生成样例。
（4）古典诗词要注重格律、意象、流派风格；现代诗歌要自由表达，强调意象与哲思。
（5）优化核心：通过指令调整情感浓度、语言风格；结合校验工具确保古典诗词的合规性。

4.6.2 剧本创作——打造专属故事舞台

剧本是影视创作的灵魂，DeepSeek 为剧本创作提供了全方位支持。它能够根据故事大纲生成详细的场景描述、角色对话和情节转折，帮助创作者快速构建故事框架。同时，DeepSeek 还能提供拍摄建议和场景设计灵感，让创作者轻松打造专属故事舞台。

剧本创作涉及角色、情节、对话和场景设计，DeepSeek 可以帮助用户快速生成结构完整、风格鲜明、符合影视或舞台需求的剧本。下面介绍剧本创作的具体方法和案例。

DeepSeek 辅助剧本创作主要有以下两种方法。

- 类型模板法：输入剧本类型（如悬疑、爱情、喜剧），生成符合类型模板的结构。
- 角色驱动法：设定角色性格、目标、冲突，让 DeepSeek 生成符合角色逻辑的对话和情节。

>_ 操作实践

下面通过类型模板法，使用 DeepSeek 生成悬疑短剧剧本。
案例背景如下。

- 类型：悬疑 / 惊悚。
- 时长：10 分钟。
- 核心设定：主角收到一封匿名信，预言其即将死亡，线索指向 20 年前的家族秘密。

操作步骤如下。
（1）在 DeepSeek 中输入剧本要求。

> 生成一个 10 分钟悬疑短剧剧本,要求如下。
>
> 1. 三幕结构
>   - 开端:主角收到匿名死亡预言信。
>   - 发展:调查发现与家族旧照中的人物有关联。
>   - 高潮:真凶是主角的孪生兄弟。
> 2. 角色
>   - 主角:多疑的记者。
>   - 反派:隐藏身份的孪生兄弟。
> 3. 风格:希区柯克式悬念,对话简洁冷峻。

(2)DeepSeek 生成结果如下。

标题:《预言信》

类型:悬疑 / 惊悚

时长:10 分钟

第一幕:开端

【场景 1:公寓内】

深夜,记者林晏拆开匿名信,特写信上红色字:你将在 7 日后死亡。

镜头切到墙上的家族旧照,其中一张人脸被划破。

林晏(冷笑)

"恶作剧?还是警告?"

……

第二幕:发展

【场景 2:档案馆】

林晏翻查旧报纸,发现一桩 20 年前的悬案:富商之子失踪。

档案员递来一张泛黄照片,林晏瞳孔骤缩——照片中的少年与自己一模一样。

档案员(低声)

"听说那孩子有个双胞胎弟弟……"

……

第三幕：高潮

【场景 3：废弃医院】

林晏追踪至医院，阴影中走出与他面孔相同的男人。

神秘人（轻笑）

"哥哥，你终于来找我了。"

镜头拉远，地上散落着前 6 天林晏"死亡"的伪造新闻剪报。

……

（3）优化调整。

如需增加误导性线索，可以追加指令。例如：在第二幕加入一个假凶手，如档案员行为可疑。

示例修改如下。

新增场景：

档案员偷偷撕掉一页资料，被林晏瞥见。

操作实践

下面通过角色驱动法，使用 DeepSeek 生成情景喜剧对话。

案例背景如下。

- 类型：都市情景喜剧。
- 设定：合租公寓里的三个奇葩室友。
- 角色：①程序员（台词简短、技术梗）；②主播（台词夸张、网络热词）；③医生（台词严谨、强迫症式吐槽）。

操作步骤如下。

（1）在 DeepSeek 中输入角色和场景。

生成一段 5 分钟情景喜剧对话，场景：三人争夺唯一卫生间。要求如下。
1. 角色台词符合人设。

- 程序员:"我有个算法能优化排队时间……"
- 主播:"家人们谁懂啊!厕所被霸凌了!"
- 医生:"根据《合租卫生条例》第三条……"

2. 冲突:主播直播到一半被医生打断。
3. 笑点:程序员试图用代码解决。

(2) DeepSeek 生成结果如下。

【场景:合租公寓清晨】

主播小美举着手机冲进卫生间,医生老陈提着消毒喷雾紧随其后。

小美(对镜头):

"宝子们看好了!今天教你们 5 分钟伪素颜……哎你干什么?"

老陈(推眼镜):

"根据《合租卫生条例》第三条,7:00—7:15 是我的消毒时间。"

程序员阿呆从房间里探头,举起笔记本电脑。

阿呆(面无表情):

"我写了个马桶调度算法,按 BMI 指数分配使用权……"

小美(尖叫):

"你才需要算法减肥!老铁们双击 666 怼他!"

阿呆默默打开计算器:"你今晨摄入热量已超标 23.7%。"

……

(3) 优化调整。

如需增加 callback 笑点,可以追加指令。例如:让程序员最后用算法抢到卫生间。

示例修改如下。

新增结尾:

阿呆掏出遥控器按下,智能马桶自动移出卫生间:"优先级——代码 > 颜值。"

⚠ **名师点拨:** 剧本创作注意要点。

(1) 分镜辅助。输入:在剧本中加入特写/运镜提示(如"镜头摇晃表现眩晕感")。

（2）类型混合。输入：生成科幻＋黑色幽默风格的法庭辩论戏。

（3）角色小传。输入：先为每个角色生成500字背景故事，再写剧本。

（4）悬疑短剧强调整体结构、伏笔设计、反转合理性；情景喜剧依赖角色反差、语言节奏、callback笑点。

（5）优化核心：通过指令细化角色动机和情节逻辑；结合类型模板调整叙事节奏。

第 5 章 DeepSeek 高效办公

本章的主要内容

- ◆ 职场效率小帮手——工作难题轻松破
- ◆ 智能生成营销方案——营销创意一键出

在职场中，提升工作效率能够带来诸多益处。借助 DeepSeek 的力量，工作效率能够在多个维度上得到显著提升。DeepSeek 既可以作为日常办公辅助工具，支持邮件撰写、工作计划制订、PPT 制作等常规办公场景；又能胜任高阶创意工作，涵盖小红书营销策略智能生成、短视频带货脚本创作等专业领域，在营销创意方面发挥着重要作用。

5.1 职场效率小帮手——工作难题轻松破

DeepSeek 是一款提升职场人士工作效率的工具，可以帮助职场人士攻克各类工作挑战。从撰写邮件、制订工作计划，到职场沟通和编制报告，它可以全方位优化工作流程，显著提升工作效率与质量。无论是对日常任务的精细化管理，还是对关键项目的有力推动，DeepSeek 都能提供智能化辅助，让工作更加游刃有余。无论是细致管理日常琐事，还是高效推进重大项目，DeepSeek 都能提供智能支持，让职场之路更加顺畅无阻。本节通过多个精心挑选的案例，展示 DeepSeek 在职场环境中的实际应用。由于篇幅限制，部分案例直接呈现了最终成果。读者在按照指引进行实践时，可以根据个人兴趣选择是否深入探索其背后的思考逻辑。

5.1.1 撰写各类邮件——邮件写作不再愁

撰写邮件是职场沟通的核心部分，DeepSeek 可以助力用户迅速写出既专业又礼貌的邮件。无论是工作进展汇报、项目协作安排，还是与客户沟通交流，DeepSeek 都能根据具体需求，智能推荐合适的邮件模板，并附加语言优化建议，保证邮件信息的传达既清晰无误又恰当得体，极大地简化邮件撰写流程，提升工作效率。

DeepSeek 邮件处理的核心功能如下。

（1）邮件撰写辅助。

- 根据简单提示生成完整邮件。
- 自动调整语气（正式/半正式/非正式）。
- 优化邮件结构和逻辑。
- 提供多种表达方式。

（2）邮件润色优化。
- 改善语言流畅度和专业性。
- 检查并修正语法错误。
- 调整邮件长度和详略程度。
- 增强说服力和行动号召力。

（3）邮件回复建议。
- 分析来信内容。
- 提供多种回复策略。
- 生成完整回复模板。
- 识别邮件中的关键问题。

（4）邮件分类与摘要。
- 提取长邮件核心内容。
- 识别邮件紧急程度。
- 分类整理收件箱。
- 生成待办事项提醒。

操作实践

下面演示使用 DeepSeek 撰写求职跟进邮件。

案例背景如下。

李明在一周前面试了××科技公司的产品经理岗位，希望写一封邮件询问面试结果，同时表达对岗位的持续热情。

操作步骤如下。

（1）提供基本信息，输入指令如下。

请帮我写一封求职跟进邮件，要点如下。

> 1. 一周前面试了××科技公司的产品经理岗位。
> 2. 感谢面试官王总监付出的时间。
> 3. 表达对该岗位的持续热情。
> 4. 礼貌询问面试进展。
> 5. 保持专业但友好的语气。
> 6. 字数控制在 200 字以内。

（2）DeepSeek 生成的初稿如下。

> 主题：关于产品经理面试的跟进询问
>
> 尊敬的王总监：
>
> 您好！我是上周三面试××科技公司产品经理岗位的李明。首先，衷心感谢您抽出宝贵时间与我深入交流，让我对贵公司的发展理念和团队文化有了更深入的了解。
>
> 经过这次面试，我对加入贵公司团队、参与创新产品开发的热情更加高涨。贵公司在智能硬件领域的领先地位与我的职业发展方向高度契合。
>
> 冒昧请问目前该岗位的招聘流程进展如何？如有任何需要补充的材料，我将随时准备提供。
>
> 再次感谢您的时间和考虑，期待您的好消息。
>
> 祝工作顺利！
>
> 此致
>
> 敬礼
>
> 李明
>
> 电话：××
>
> 邮箱：liming@email.com

（3）优化调整，输入指令如下。

> 这封邮件整体不错，但希望进行以下优化。
> 1. 开头更简洁直接。
> 2. 增加一个面试中讨论的项目细节。
> 3. 结尾行动号召更明确。

(4)DeepSeek 生成的优化版本如下。

> 主题:产品经理岗位面试跟进
> 王总监您好:
> 感谢上周三关于××科技产品经理岗位的面试机会,特别是我们就智能家居控制系统产品路线图的深入讨论,让我受益匪浅。
> 我对面试中提到的跨部门协作开发模式印象深刻,这与我在××项目中的经验高度契合。相信我能为团队带来即时价值。
> 不知目前招聘流程进展如何?如需要任何额外信息,请随时告知。
> 期待有机会加入贵公司卓越的团队。感谢您的时间和考虑!
> 祝好,
> 李明
> [联系方式]

5.1.2 生成工作计划——工作安排有条不紊

在职场中,制订工作计划是确保项目成功的关键要素,能够显著提升工作效率。DeepSeek 可以智能分析项目需求和时间安排,迅速制订出详尽无遗的工作计划,清晰界定各项任务的分配及具体的时间节点。它还支持动态调整,帮助用户灵活应对变化,确保工作有序推进。

使用 DeepSeek 生成工作计划的方法如下。

(1)明确工作计划的核心要素。

在生成工作计划时,需包含以下关键信息。

- 目标(如项目交付、活动策划、销售目标等)。
- 时间范围(如季度、月度、周计划)。
- 任务分解(子任务、责任人、优先级)。
- 资源需求(预算、人力、工具)。
- 关键指标(KPI)(如完成率、转化率、交付标准)。

（2）结构化指令设计。

DeepSeek 对结构化指令响应效果更佳，建议采用以下格式。

请生成一份关于××项目/任务的工作计划，要求包含以下内容。

1. 目标：具体目标，如"完成产品上线"。
2. 时间范围：起止时间。
3. 任务分解。
   - 按阶段列出子任务（如需求分析、开发、测试）。
   - 标注责任人（如技术部、市场部）。
   - 设定优先级（P0～P2）。
4. 资源需求。
   - 预算分配（如开发费用、推广费用）。
   - 人力需求（如开发人员、设计师）。
   - 工具需求（如 Jira、Figma）。
5. 关键指标（KPI）：如"需求文档完成率 100%""测试覆盖率≥90%"。

输出格式：Markdown 表格 + 甘特图（Mermaid 代码）。

（3）优化调整。

- 补充细节：如增加风险管理、依赖关系等。
- 调整优先级：根据团队反馈优化任务顺序。
- 格式优化：转换为 Excel、PPT 或项目管理工具（如 Jira、Asana）。

>_ 操作实践

下面演示使用 DeepSeek 生成电商双 11 大促活动工作计划。

案例背景如下。

某电商公司计划在 2024 年 11 月 1—11 日期间开展双 11 大促活动，目标 GMV 5000 万元，需制订详细执行计划。

操作步骤如下。

（1）输入结构化指令。

请生成一份《2024 年双 11 大促活动工作计划》，要求包含以下内容。
1. 目标：实现 GMV 5000 万元，新增用户 30%。

2. 时间范围：2024 年 11 月 1—11 日（分预热期、爆发期、复盘期）。

3. 任务分解。

- 按阶段列出子任务（如选品、页面设计、广告投放）。
- 标注责任人（市场部、运营部、技术部）。
- 设定优先级（P0 ～ P2）。

4. 资源需求。

- 预算分配（推广费、优惠券、直播费用）。
- 人力需求（运营、设计、客服）。
- 工具需求（Google Analytics、抖音 DOU+）。

5. 关键指标（KPI）。

- 页面 UV ≥ 100 万。
- 转化率 ≥ 8%。
- 客服响应时间 ≤ 30 秒。

输出格式：Markdown 表格 + 甘特图（Mermaid 代码）。

（2）DeepSeek 生成的初稿如下。

1. 任务分解表

阶段	子任务	责任人	优先级	截止时间
预热期	爆品选品清单确定	采购部张经理	P0	11 月 1 日
预热期	主会场 H5 页面开发	技术部王工	P1	11 月 3 日
爆发期	直播带货排班表制定	直播组李主管	P0	11 月 10 日
复盘期	ROI 数据分析报告	数据分析小陈	P2	11 月 15 日

2. 资源需求表

项目	明细	预算（万元）
推广费用	抖音 / 小红书信息流	200
优惠券	满 300 减 50 券	50
直播设备	4K 摄像机租赁	5

3. 甘特图

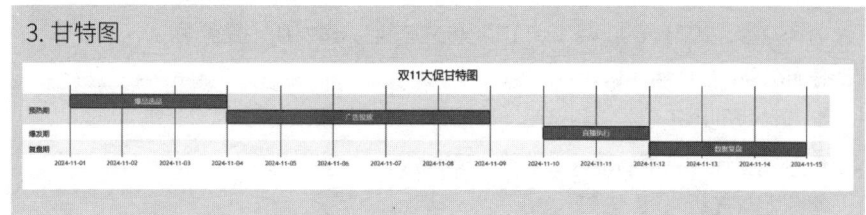

（3）优化调整。

补充细节。

- 增加应急预案（如服务器崩溃处理流程）。
- 细化直播话术设计（增加互动环节）。
- 调整优先级（如将"广告投放"从 P1 升至 P0）。

格式转换。

- 导出为 Excel 并导入 Jira 进行任务分配。
- 将甘特图代码复制到 Mermaid Live Editor 进行可视化。

（4）最终交付文件。

- 完整计划文档（含任务表、预算表、甘特图）。
- 风险管理附录（如备用服务器方案）。
- 团队协作看板（如飞书多维表格）。

5.1.3 生成日/周/月报——将成果清晰呈现

在职场中，定期报告至关重要，它能确保信息透明，促进团队协作，帮助上级及时了解工作进展，便于指导与调整策略，同时也是个人展示成果、评估绩效、规划未来方向的关键途径。DeepSeek 能够快速生成日、周、月报，帮助用户总结工作进展、分析问题并提出改进措施。它支持数据可视化和关键成果突出展示，让报告内容清晰、有说服力，帮助管理者快速了解团队动态。

DeepSeek 可以通过自然语言输入或数据自动抓取来生成结构化报告，主要包括以下方法。

- 关键词输入法：输入本日/周/月的工作关键词，让 DeepSeek 自动整理成报告。

- 数据集成法：连接企业数据（如 Excel、ERP 系统、OA 系统），让 DeepSeek 自动分析并生成报告。
- 模板套用法：使用预置的报告模板，填入关键数据，DeepSeek 自动优化内容。

>_ **操作实践**

下面通过关键词输入法，使用 DeepSeek 生成周报。

案例背景如下。

- 用户：市场部专员。
- 任务：整理本周市场推广数据，生成周报。
- 工作内容：完成 100 份用户调研问卷；上线新广告 campaign，点击率提升 15%；与设计部协作完成新品宣传素材。

操作步骤如下。

（1）在 DeepSeek 中输入指令。

请帮我生成一份市场部周报，包含以下内容。
- 完成 100 份用户调研问卷，主要反馈集中在产品易用性方面。
- 新广告 campaign 上线，点击率提升 15%。
- 与设计部协作完成新品宣传素材。

要求如下。
1. 采用"成果 + 分析 + 下周计划"结构。
2. 数据用表格或图表展示。
3. 语言风格：互联网黑话风格。

（2）DeepSeek 生成内容如下所示。

---

markdown

市场部周报

1. 本周核心成果

| 项目 | 数据 / 进展 | |

```
|-------------------|---------------------|
| 用户调研           | 完成 100 份问卷，75% 用户反馈"产品易用性待优化" |
| 广告 campaign      | CTR 提升 15%，ROI 达 1 ：3.5 |
| 新品宣传素材       | 已完成设计，预计下周投放 |
```
2. 关键分析
- 用户调研显示，易用性是主要痛点，建议优化产品指引。
- 广告 CTR 提升显著，但转化率仍有优化空间，可测试不同落地页。

3. 下周计划
- 优化产品新手引导（联合产品部）。
- A/B 测试广告落地页。
- 启动新品预热推广。

（3）继续进行优化调整。

- 若需增加数据可视化内容，可追加指令。例如：把点击率数据做成折线图。
- 若需调整语气，可追加指令。例如：改成国企正式汇报风格。

>_ 操作实践

下面通过数据集成法，使用 DeepSeek 自动生成月报。

案例背景如下。

- 用户：零售行业运营经理。
- 任务：基于销售数据 Excel 生成月报。
- 数据来源：本月销售数据表（含销售额、客单价、区域分布等）。

操作步骤如下。

（1）上传数据文件（Excel）至 DeepSeek。

（2）输入分析指令。

请分析附件中的销售数据，生成 5 月运营月报，要求如下。
1. 按区域统计销售额对比（柱状图）
2. 计算环比增长率。
3. 找出 Top 3 畅销商品。

4. 给出下月优化建议。

（3）DeepSeek 生成结果（示例）如下。

```markdown
2025 年 5 月销售运营月报
1. 销售总览
   总销售额：¥1,250,000（环比 +12%）
   平均客单价：¥320（环比 +5%）
2. 区域表现（柱状图自动生成）
| 区域 | 销售额（万） | 增长率 |
|--------|--------------|--------|
| 华东 | ¥450    | +15% |
| 华北 | ¥380    | +8%  |
| 华南 | ¥420    | +13% |
3.Top 3 畅销商品
(1) 商品 A（销量 2,500 件）
(2) 商品 B（销量 1,800 件）
(3) 商品 C（销量 1,200 件）
4. 优化建议
   ● 华东地区增长强劲，可加大促销力度。
   ● 商品 A 库存需提前备货，避免断货。
```

（4）导出报告，可复制到 Word 或 PPT，也可直接生成 PDF。

5.1.4 制定公司规章制度——规范管理有依据

公司规章制度用于明确行为规范，保障秩序井然；确保公平公正，维护员工权益；引导企业文化，提升工作效率；为管理提供依据，减少冲突，助力公司稳健发展，实现战略目标。

DeepSeek 可以结合公司需求，生成公司规章制度，涵盖人事管理、财务管理、项目流程等多个方面，为公司管理提供有力依据。

DeepSeek 可以通过自然语言输入或数据集成来辅助制定公司规章制度，主要方法如下。

- 智能调研法：输入公司需求，让 DeepSeek 自动分析行业规范、公司现状，并生成初步制度框架。
- 模板套用法：使用预置的规章制度模板（如员工手册、考勤制度），填入公司特定信息，DeepSeek 自动优化内容。
- 合规校验法：上传已有规章制度草案，让 DeepSeek 检查是否符合《中华人民共和国劳动法》等法规，并给出修改建议。

操作实践

下面演示通过智能调研法，使用 DeepSeek 制定员工手册。

案例背景如下。

- 企业：某科技公司（100 人规模）。
- 需求：制定符合《中华人民共和国劳动法》的员工手册，涵盖考勤、薪酬、奖惩等核心制度。
- 挑战：缺乏专业法务团队，希望快速生成合规版本。

操作步骤如下。

（1）输入公司基本信息（行业、规模、核心需求）。

一家 100 人规模的科技公司，需要制定员工手册，要求如下。
- 符合《中华人民共和国劳动法》。
- 包含考勤、薪酬、绩效、奖惩制度。
- 语言风格：简洁易懂，避免法律术语堆砌。

（2）DeepSeek 生成初稿如下。

---

markdown
××科技公司员工手册（2025 版）
1. 总则
- 适用范围：全体正式员工、实习生
- 企业文化：创新、协作、责任

2. 考勤制度

- 工作时间：9：30—17：30（弹性 30 分钟）
- 请假流程：OA 系统申请，3 天以内直属上级审批
- 旷工定义：未请假缺勤≥3 天视为严重违纪

3. 薪酬与福利

- 薪资结构：基本工资（70%）+ 绩效奖金（30%）
- 发薪日：每月 10 日（遇节假日提前）
- 五险一金：按实际工资基数缴纳

4. 奖惩制度

- 奖励：年度优秀员工（奖金 1 个月薪资）
- 处罚：书面警告→降薪→解除劳动合同（渐进式管理）

5. 附则

- 本手册修订需经职工代表大会讨论
- 争议解决：优先协商，协商不成可申请劳动仲裁

（3）追加指令，进行合规性校验。

> 请检查这份员工手册是否符合《中华人民共和国劳动法》，并标注潜在风险点。

（4）DeepSeek 反馈如下。

> 风险点 1：旷工 3 天即解雇可能过于严格，建议改为"连续旷工 3 天或累计旷工 5 天"。
> 风险点 2：绩效奖金占比 30% 需明确考核标准，避免"工资拆分为绩效变相降薪"争议。

（5）根据 DeepSeek 的建议，结合公司实际情况进行调整优化后定稿。

5.1.5 生成调研报告——深入洞察有依据

调研报告可以深入分析市场趋势、竞品动态及用户需求，为决策提供数据支持，优化产品与服务，指导战略规划制定，助力企业把握机遇。DeepSeek 能

够根据调研主题和数据，快速生成专业的调研报告。它支持数据分析、图表生成和结论提炼，帮助用户深入洞察市场趋势，为战略决策提供有力支持。

使用 DeepSeek 生成高质量的调研报告，需结合结构化指令设计、多源数据整合及迭代优化，实现步骤如下。

（1）明确目标与框架拆解。

- 指令设计：使用"角色+任务+要求"模板，明确报告类型、结构和关键模块。例如，输入指令"作为市场分析师，拆解《2025年新能源汽车市场调研报告》框架，要求包含市场规模、竞争格局、消费者画像、趋势预测4部分，每部分需2组数据+1个案例"。
- 数据需求标注：指定所需数据类型（如行业报告、用户评论、政策文件）及来源（公开数据库、爬虫抓取）。

（2）数据收集与清洗。

- 自动化抓取：通过指令生成爬虫代码。例如，输入指令"抓取天猫平台'便携咖啡杯'品类销量前50名商品的近30天价格、销量及促销活动数据，导出结构化Excel表格"。
- 数据清洗：使用 DeepSeek 内置工具或 Python 脚本，删除重复值、填充缺失数据。例如，输入指令"/clean_data 删除重复值 填充均值"。

（3）智能化分析与可视化。

- 多维分析：结合机器学习模型和行业分析工具（如SWOT模型、波特五力模型）。例如，输入指令"分析竞品A与竞品B的用户评论数据，生成情感分析词云和竞争雷达图"。
- 动态可视化：通过指令生成图表。例如，输入指令"将2024年销售数据转化为动态折线图，标注季度峰值和异常波动"。

（4）分段生成与优化。

- 段落投喂法：分段生成内容。例如，输入指令"撰写'消费者画像'部分，要求包含年龄分布、购买动机、使用场景，引用2025年Q1问卷调查数据"。
- 润色与衔接：使用指令优化语言风格。例如，输入指令"将'客户满意度高'改为'客户满意度同比提升15%，显著高于行业平均水平'"。

（5）报告整合与校验。

- 自动生成初稿：输入整合指令。例如，输入指令"将上述分析结果按'现状-问题-策略'结构生成报告，首页插入波特五力模型图表"。
- 人工复核：结合专家意见调整逻辑矛盾内容或补充行业背景。

>_ 操作实践

下面演示使用 DeepSeek 生成《2025 年智能家居市场调研报告》。

（1）框架拆解与数据抓取，输入指令如下。

作为智能家居行业顾问，拆解报告框架。
1. 市场规模（全球/中国，2023—2025 年复合增长率）。
2. 竞争分析（TOP 5 品牌市占率、产品线对比）。
3. 用户洞察（年龄、痛点、购买渠道分布）。
4. 技术趋势（AIoT、语音交互渗透率）。
要求：每部分需 3 组数据 +1 个案例，数据源包括 Statista、艾瑞咨询、京东销量榜。

DeepSeek 生成结构化框架，并自动抓取京东平台销量前 100 名商品的评论数据。

（2）竞品分析与可视化，输入指令如下。

对比小米、华为、海尔智能家居产品的用户评价，按"功能满意度""价格敏感度""售后服务评分"生成雷达图，并提取高频关键词。

DeepSeek 输出以下内容。

- 雷达图显示小米的功能满意度最高（85%），华为的价格敏感度最低（仅 12% 差评）。
- 高频词："语音延迟"（小米，23%）、"安装复杂"（海尔，18%）。

（3）趋势预测与报告生成，输入指令如下。

基于 Gartner 技术成熟度曲线，预测 2026 年智能家居技术趋势，要求如下。
1. 引用 3 篇权威论文观点。
2. 用时间轴形式展示技术落地阶段。
3. 输出 PDF 报告，包含数据看板（市场规模、用户渗透率）和 SWOT 分析。

DeepSeek 输出以下内容。

- 趋势预测：边缘计算赋能本地化处理（2026 年渗透率达 40%）。
- 自动生成 PDF 报告，含交互式图表（点击可展开详细数据）。

（4）人工优化与交付，润色指令如下。

将"AIoT 技术很重要"改为"AIoT 技术渗透率从 2023 年的 22% 提升至 2025 年的 47%，成为行业核心驱动力"，并检查数据单位一致性。

DeepSeek 输出报告后，由企业风控团队审核，补充政策风险提示（如数据隐私法规影响）。

5.1.6 写述职报告——职业发展有亮点

述职报告是评估业绩、展现能力与贡献的关键，有助于明确工作方向，促进职业发展，是职场人士不可或缺的自我展示与管理工具。DeepSeek 能够根据用户的工作经历和成就，快速生成高质量的述职报告，突出工作亮点和职业成长，帮助用户在绩效评估和晋升中脱颖而出。

DeepSeek 撰写述职报告的通用方法如下。

- 框架生成法：输入岗位职责和关键成果，让 DeepSeek 自动生成符合述职逻辑的报告框架。
- 数据驱动法：上传 Excel、CSV 等数据文件，让 DeepSeek 分析业绩指标并生成可视化图表。
- 优化润色法：输入述职初稿，让 DeepSeek 优化语言风格，使其更专业、更具说服力。

操作实践

下面通过框架生成法，使用 DeepSeek 生成述职报告。

案例背景如下。

- 用户：某互联网公司产品经理（任职 1 年）。
- 任务：撰写年度述职报告，突出产品优化、用户增长等核心成果。
- 输入内容：主导产品 A 改版，DAU 提升 30%；推动用户增长策略，新增注册用户 50 万人；跨部门协作优化产品体验，NPS 提升 15 分。

操作步骤如下。

（1）在 DeepSeek 中输入指令。

> 请帮我生成一份产品经理年度述职报告，包含以下内容。
> - 主导产品 A 改版，DAU 提升 30%。
> - 推动用户增长策略，新增注册用户 50 万人。
> - 跨部门协作优化产品体验，NPS 提升 15 分。
>
> 要求如下。
> 1. 采用"成果 + 数据 + 方法论"结构。
> 2. 关键数据用表格或柱状图展示。
> 3. 语言风格：专业但不过度正式。

（2）DeepSeek 生成结果如下。

```markdown
2025 年度述职报告 - 产品经理
1. 核心工作成果

|项目           |数据 / 进展            |方法论              |
|------------------|----------------------|--------------------|
|产品 A 改版     |DAU ↑ 30%（Q3—Q4）   |A/B 测试 + 用户反馈迭代|
|用户增长策略   |新增注册用户 50 万人  |裂变营销 +KOL 合作  |
|产品体验优化   |NPS ↑ 15 分（60 → 75）|跨部门 UX 评审会    |

2. 关键分析
   - 产品 A 改版：通过 A/B 测试发现新版导航结构更符合用户习惯，留存率提
```

升 20%。
- 用户增长：裂变活动 ROI 达 1∶5，但后续需优化付费转化率（当前仅 8%）。

3. 不足与改进
- 跨部门协作效率待提升（需求评审周期较长）。
- 2026 年计划引入敏捷开发模式，缩短迭代周期。

（3）结合实际情况进行优化调整。

- 如需增加数据可视化，可以追加指令。例如：把 DAU 增长做成折线图，并标注关键节点。

- 如需调整语气，可以追加指令。例如：改成国企正式汇报风格。

操作实践

下面通过数据驱动法，使用 DeepSeek 优化述职报告。

案例背景如下。

- 用户：某零售公司运营总监。
- 任务：基于年度销售数据优化述职报告，突出 GMV 增长、成本控制。
- 数据来源：2025 年销售报表（Excel）。

操作步骤如下。

（1）上传销售报表（Excel）。

（2）输入分析指令。

请分析附件中的销售数据，生成运营总监述职报告，要求如下。
1. 按季度对比 GMV、利润率。
2. 找出 Top 3 贡献渠道。
3. 分析成本优化措施的效果。
4. 给出 2026 年增长建议。

（3）DeepSeek 生成结果如下。

markdown

2025 年度运营述职报告

1. 业绩总览
   - 全年 GMV：¥2.8 亿（同比 +18%）
   - 利润率：12%（同比 +3%）
2. 分季度表现（柱状图自动生成）

季度	GMV（亿）	利润率
Q1	¥0.6	10%
Q2	¥0.7	11%
Q3	¥0.8	13%
Q4	¥0.7	14%

3.Top 3 贡献渠道
（1）电商平台（占比 45%）
（2）线下门店（占比 30%）
（3）社群团购（占比 25%）
4. 成本优化成效
   - 物流成本↓20%（改用区域仓模式）
   - 营销投放 ROI↑50%（精准人群定向）
5.2026 年规划
   - 拓展直播电商（目标占比↑至 30%）。
   - 试点 AI 选品，降低库存周转天数。

（4）导出报告，可复制到 Word 或 PPT，也可直接生成 PDF 版本。

5.1.7 会议纪要生成——会议要点全记录

会议纪要是在会议结束后，对会议内容、决定事项、责任分配等进行整理、归纳和记录的文件。它对于确保信息准确传递、跟踪会议决议执行情况、促进团队协作与沟通具有重要意义，是项目管理和决策支持的重要工具。

本节介绍如何利用 DeepSeek 生成会议纪要。输入会议内容和讨论要点后，

DeepSeek 能够生成详细的会议纪要，帮助团队成员快速了解会议内容，提升会议效率。

使用 DeepSeek 生成会议纪要的常用方法为结构化输入法，其核心要素如下。

- 会议主题（明确讨论焦点）。
- 参会人员（角色+姓名）。
- 时间地点（线上/线下）。
- 议程条目（按讨论顺序列提纲）。
- 关键结论（决议/待办事项）。

操作实践

（1）在 DeepSeek 中输入指令。

请根据以下信息生成会议纪要。
1. 主题：电商大促活动筹备会
2. 时间：2024年9月10日14：00—15：30（腾讯会议）
3. 参会人
    - 项目经理：张伟
    - 运营：李娜
    - 技术：王强
4. 讨论内容
    - 活动方案确认（主推商品、折扣力度）
    - 技术风险（服务器承压测试）
    - 分工与时间节点
5. 输出要求
    - 分议题总结讨论要点
    - 明确待办事项（责任人+DDL）
    - 标记未决问题

格式：Markdown 表格+行动计划清单。

（2）DeepSeek 生成内容如下所示。

电商大促活动筹备会会议纪要
会议主题：双 11 大促活动筹备会
会议时间：2024 年 9 月 10 日 14：00—15：30（腾讯会议）
参会人员：
- 项目经理：张伟
- 运营：李娜
- 技术：王强
一、讨论内容及结论
1. 活动方案确认

讨论要点	结论/待办事项	责任人	时间节点
主推商品选择	确定 Top 10 爆品（附件 1 清单）	李娜	2024-09-15
折扣力度	全场满 300 减 50，部分品类 5 折	张伟	2024-09-12
未决问题	是否增加限时秒杀环节？需财务部评估成本	-	2024-09-13

2. 技术风险排查

讨论要点	结论/待办事项	责任人	时间节点
服务器压力测试	需模拟 100 万并发，9 月 20 日前完成	王强	2024-09-20
CDN 带宽扩容	联系阿里云升级至 200Gbps	王强	2024-09-18
风险预警	若测试不通过需降级活动页面功能	-	-

3. 分工与时间节点

任务	负责人	协作方	DDL
活动页面 UI 设计	李娜	设计部	2024-09-17
优惠券系统对接	王强	财务部	2024-09-22
客服培训	张伟	客服团队	2024-09-25

二、行动计划清单

已确认事项：

- [x] 爆品清单终版审核（李娜，9/15）
- [x] 满减规则技术对接（王强，9/18）

待跟进事项：

- [ ] 秒杀活动成本核算（财务部，9/13）
- [ ] 压力测试报告提交（王强，9/20）

风险项：

- 服务器承压能力不足时，需启动降级方案（技术部预案 9/25 前提交）

三、下次会议安排

- 时间：2024 年 9 月 17 日 10：00
- 议题：

1. 压力测试结果复盘
2. 活动页面原型评审

纪要整理：张伟

5.1.8 项目风险评估——风险预警早知道

项目风险评估是指对项目计划、实施过程和结果中可能存在的不确定性进行评估和分析，以确定潜在风险的概率、影响和优先级。它对于制定风险应对策略、降低项目风险、保障项目顺利进行至关重要，有助于提升项目管理的效率与质量。本节介绍如何利用 DeepSeek 进行项目风险评估。输入项目信息和风险数据后，DeepSeek 能够生成详细的风险评估报告，帮助项目经理提前识别和应对风险，确保项目顺利进行。

DeepSeek 项目风险评估通常采用结构化指令，指令格式如下。

> 请生成一份关于 ×× 项目的风险评估报告，要求包含以下内容。
> - 项目背景（项目目标、范围、关键里程碑）。
> - 风险识别（列出潜在风险，如技术、管理、外部环境等）。
> - 风险分析（评估风险发生的概率和影响程度）。
> - 风险等级（按高 / 中 / 低分类）。
> - 应对措施（规避、减轻、转移、接受）。
> - 监控机制（定期检查、预警指标）。
>
> 输出格式：Markdown 表格 + 风险矩阵图（Mermaid 代码）。

操作实践

案例背景如下。

某城市地铁 13 号线施工项目，需对下穿天福大厦段进行风险评估，目标如下。

- 识别施工期沉降、塌方、设备故障等风险。
- 制定应对措施，确保零重大事故。
- 符合《城市轨道交通地下工程建设风险管理规范》。

操作步骤如下。

（1）输入结构化指令。

> 请生成一份《地铁 13 号线下穿天福大厦段施工风险评估报告》，要求包含以下内容。
>
> 1. 项目背景
>   - 目标：确保隧道施工安全，沉降控制在 5mm 内
>   - 范围：盾构段（K12+300 ～ K12+600）
>   - 关键节点：2024 年 8 月盾构始发，2025 年 3 月贯通
> 2. 风险识别
>   - 地质风险（软土、地下水）
>   - 施工风险（盾构机故障、沉降超标）
>   - 管理风险（人员培训不足、监测数据滞后）
> 3. 风险分析
>   - 概率（高 / 中 / 低）

- ● 影响程度（灾难性 / 严重 / 一般）
4. 风险等级（风险矩阵分类）
5. 应对措施（技术方案、应急预案）
6. 监控机制（自动化监测、周报制度）
输出格式：表格 +Mermaid 风险矩阵

（2）DeepSeek 生成的初稿如下。

1. 项目背景

项目要素	详细说明
项目目标	确保隧道施工安全，地表沉降≤5mm，邻近建筑物倾斜率≤0.1%
施工范围	盾构区间 K12+300～K12+600（下穿天福大厦地下室，最小净距 8.5m）
关键节点	- 2024.08：盾构始发 - 2024.12：下穿天福大厦 - 2025.03：区间贯通
技术标准	遵循《GB50652-2011 城市轨道交通地下工程建设风险管理规范》

2. 风险识别与分类

风险清单表

风险类型	具体风险	触发条件	潜在后果
地质风险	软土地层不均匀沉降	淤泥质黏土层厚度达 15m	地表开裂、管线破裂
地质风险	承压水突涌	盾构穿越 2 层承压水（水头压力 0.3MPa）	隧道淹水、设备损坏

施工风险	盾构机主轴承失效	连续掘进 200 环未保养	停机 15 天，工期延误
	同步注浆不饱满	注浆压力 < 0.3MPa	地表沉降超限 (＞8mm)
管理风险	监测数据滞后 ≥ 4 小时	人工巡检频次不足	无法及时预警沉降
	作业人员未持证上岗	分包队伍管理疏漏	违规操作引发事故

3. 风险分析

风险矩阵（Mermaid 代码）

graph TD

  A[风险矩阵] --> B[概率]

  A --> C[影响]

  B --> D[高 : 盾构机故障]

  B --> E[中 : 承压水突涌]

  B --> F[低 : 监测滞后]

  C --> G[灾难性 : 隧道坍塌]

  C --> H[严重 : 沉降超限]

  C --> I[一般 : 数据延迟]

风险等级评估表

风险项	概率	影响	等级	矩阵坐标
软土地层沉降	中	严重	2 级	(B2)
承压水突涌	中	灾难性	1 级	(B3)
盾构机主轴承失效	低	灾难性	1 级	(A3)
同步注浆不饱满	高	严重	2 级	(C2)
监测数据滞后	高	一般	3 级	(C1)

4. 应对措施

技术方案

风险项	应对措施	实施主体
软土地层沉降	采用膨润土改良渣土（掺量8%） - 每5环进行二次注浆补偿	技术部+施工队
承压水突涌	预注浆加固（WSS工法） - 配备2台应急抽水泵（100m³/h）	机电班组
盾构机故障	每日点检主轴承温度/振动值 - 备用主轴承库存	设备科

应急预案

- 沉降超限（＞5mm）：立即启动自动化注浆系统，同步调整盾构推力至8000kN
- 数据中断：切换至备用LoRa无线监测网络，人工巡检频次提升至1次/2小时

5. 监控机制

监测体系

监测项	方法	频率	预警阈值
地表沉降	自动化静力水准仪	实时	3mm（黄）/5mm（红）
盾构姿态	棱镜+全站仪	每推进1环	水平偏差＞50mm
建筑物倾斜	倾角传感器	1次/4小时	0.08%

管理流程

（1）日报制度：每日8：00前提交沉降数据至云平台

（2）周例会：每周五评估风险控制效果（附整改清单）

（3）应急演练：每月15日开展突涌事故模拟演练

6. 附件

（1）地质剖面图（含承压水层分布）

（2）盾构机维护保养记录表模板

（3）监测数据异常处置流程图

报告编制：工程技术部

审核：安全总监（签字）_____

日期：2024 年 ×× 月 ×× 日
(注：实际应用时需根据勘测数据补充具体参数，红色预警阈值需经专家论证)

5.1.9 生成PPT大纲——演示文稿有框架

PPT 作为直观高效的沟通工具，能够结构化展示信息，是工作汇报、项目展示、提案竞标等关键环节不可或缺的重要媒介。DeepSeek 提供 PPT 大纲生成功能，可以根据演讲主题和内容要点，快速生成结构清晰的 PPT 大纲，帮助用户高效制作 PPT，提升演讲效果。

DeepSeek 生成 PPT 大纲时指令需包含以下关键信息。

- 主题（明确 PPT 的核心内容）。
- 受众（面向领导、投资人、学生等不同群体）。
- 核心需求（突出数据、案例分析、技术细节等）。
- 格式要求（通常要求输出为 Markdown 格式，以便后续导入 PPT 生成工具）。

示例指令模板如下。

你是一名专业的 PPT 架构师，我需要做一个关于 [主题] 的 PPT，面向 [受众]，希望突出 [核心需求]，要求内容专业且适合演讲场景，请生成大纲及内容框架，并以 Markdown 格式输出。

优化技巧如下。

- 开启深度思考模式（提高逻辑性和专业性）。
- 要求提供数据支持（如"请补充近 3 年的行业数据"）。
- 指定角色（如"假设你是麦肯锡顾问"）。

操作实践

下面使用 DeepSeek 生成《2025 年 AI 行业趋势分析》PPT 大纲。

（1）输入结构化指令。

> 你是一名专业的 PPT 架构师，我需要做一个关于 2025 年 AI 行业趋势分析的 PPT，面向公司高管，希望突出技术趋势、市场规模和投资机会，要求逻辑清晰、有数据支撑，并以 Markdown 格式输出大纲。

（2）DeepSeek 生成的大纲如下。

```markdown
2025 年 AI 行业趋势分析

封面
- 标题：2025 年 AI 行业趋势分析
- 副标题：技术、市场与投资机会
- 日期：2025 年 5 月

目录
1. 市场现状
2. 关键技术趋势
3. 投资机会分析
4. 未来展望

1. 市场现状
1.1 全球 AI 市场规模（2023—2025）
- 数据：Statista 预测 2025 年达 1.5 万亿美元
- 增长驱动因素：企业数字化、AI 芯片发展

1.2 主要竞争者分析
- 头部企业：OpenAI、DeepSeek、Google DeepMind
- 市占率对比（柱状图建议）

2. 关键技术趋势
2.1 多模态大模型
- 案例：DeepSeek-V3 的跨模态理解能力
```

- 应用场景：医疗影像分析、自动驾驶

2.2 边缘 AI
- 数据：2025 年 40% 的 AI 计算将在边缘设备完成

3. 投资机会分析
3.1 热门赛道
- AI+ 医疗、AI+ 金融、AI+ 制造业

3.2 风险与挑战
- 监管政策、数据隐私问题

4. 未来展望
- 2026—2030 年 AI 渗透率预测
- 结语：AI 将重塑全球经济格局

（3）优化与调整。如果某些部分不够详细，可追加指令。

> 请在"投资机会分析"部分补充 2 个具体案例，并附上相关融资数据。

DeepSeek 会返回更新后的大纲。

```markdown
3.1 热门赛道
- AI+ 医疗：
  - 案例 1：AI 辅助诊断公司 DeepDiagnosis 获 2 亿美元 B 轮融资
  - 案例 2：手术机器人企业 SurgiBot 2024 年营收增长 120%
```

（4）复制 Markdown 格式大纲，导入 PPT 生成工具。

推荐工具：Kimi PPT 助手、讯飞智文、百度文库 AI 生成 PPT 工具。

操作流程如下。

① 复制 DeepSeek 生成的 Markdown 格式大纲。

② 打开 Kimi PPT 助手（https://kimi.moonshot.cn/）。

③粘贴内容,选择模板(如"科技蓝"或"极简风")。

④单击"生成PPT"按钮,等待渲染完成。

5.1.10 绘制思维导图——知识架构一目了然

在当今信息爆炸的时代,知识的碎片化程度和复杂性不断增加。如何高效地整理、梳理和理解知识,成为一个亟待解决的问题。思维导图作为一种强大的思维工具,能够帮助我们将复杂的信息进行可视化呈现,构建清晰的知识架构。而DeepSeek作为一款先进的智能工具,在绘制思维导图方面具有独特的优势,能够助力我们快速梳理知识脉络,让知识架构一目了然。

本节将深入探讨如何利用DeepSeek绘制思维导图,帮助读者掌握这一高效的知识管理方法。通过了解DeepSeek绘制思维导图的具体操作流程、功能特点及实际应用场景,读者将能够更好地理解如何运用这一工具来整理知识、提升学习和工作效率。无论是学生、教师、研究人员还是职场人士,都可以通过对本节内容的学习,掌握利用DeepSeek绘制思维导图的技巧,从而在面对复杂知识体系时,能够迅速构建出清晰、直观的知识架构,实现知识的高效管理和应用。

DeepSeek作为AI内容生成工具,通过与XMind、GitMind等思维导图软件联动,可快速实现"结构化内容→可视化导图"的转换,大幅提升效率。其核心优势如下。

- 精准结构化输出:生成符合Markdown或Mermaid语法的逻辑框架,避免手动整理耗时。
- 多场景适配:支持学术笔记、项目管理、创意发散等场景。
- 一键转换:生成内容直接导入专业工具,快速完成导图渲染。

使用DeepSeek绘制思维导图的流程如下。

(1)明确主题与目标。在绘制思维导图之前,要先明确主题和目标。这有助于确定思维导图的核心内容和方向,避免在绘制过程中偏离主题。

(2)利用DeepSeek的智能生成功能生成思维导图框架。DeepSeek提供了智能生成思维导图的功能,用户只需输入主题或关键词,DeepSeek 即可自动生成初步的思维导图框架。用户可以根据需要对生成的内容进行调整和补充。

(3)将内容结构化。将知识按照逻辑关系进行分类和分层,如按照中心主题、主分支和子分支分层,中心主题是核心内容,主分支是主要类别,子分支则是具体的细节或子主题。

(4)添加关联线和注释。在思维导图中,关联线可以表示不同概念之间的关系,而注释则可以补充说明重要信息。通过添加关联线和注释,可以进一步丰富思维导图的内容,使其更加完整和清晰。

(5)美化处理。使用不同的颜色和图标可以增强思维导图的视觉效果,帮助区分不同的内容类别或重要程度。例如,用红色表示重点内容,用绿色表示补充信息等。

> **名师点拨:** 知识学习是动态的,思维导图也需要定期更新和优化。随着学习和研究的深入,可以不断为思维导图补充新的内容,调整结构,使其始终保持最新和最有效的状态。

操作实践

下面使用 DeepSeek 绘制一个有关新产品开发的思维导图。

(1)了解案例的背景,明确主题。

- 案例背景:一家企业正在开展一个新产品开发项目,项目经理需要梳理项目流程和任务分配。
- 确定主题:将主题设置为"新产品开发项目流程"。
- 智能生成:输入主题后,要求 DeepSeek 生成包括"市场调研""产品设计""生产制造""质量检测""市场推广"等主分支的思维导图。
- 细化任务:在每个主分支下进一步细化具体任务,如在"产品设计"下添加"外观设计""功能设计""原型制作"等子分支。
- 分配责任人:在每个任务旁边添加注释,注明责任人和时间节点。
- 优化结构:使用不同颜色区分已完成、进行中和待完成的任务,通过关联线表示任务之间的先后顺序。

- 生成效果:项目团队通过 DeepSeek 绘制的思维导图,能够清晰地了解项目整体流程和任务分配情况。

(2)在 DeepSeek 中输入指令。

生成一份新产品开发项目管理流程的思维导图框架,包括"市场调研""产品设计""生产制造""质量检测""市场推广"等主分支。

---

(3)DeepSeek 生成的内容如下。

新产品开发项目管理流程思维导图框架
一、市场调研
需求分析
用户深度访谈(痛点挖掘)
焦点小组讨论(群体需求验证)
问卷调查(量化数据收集)
竞品分析
功能对比(优劣势拆解)
定价策略研究(市场定位参考)
用户评价分析(改进方向)
可行性研究
技术可行性评估(研发能力匹配)
成本收益预测(ROI 模型搭建)
法律法规审查(合规性确认)
二、产品设计
概念设计
功能需求清单(优先级排序)
原型草图绘制(交互逻辑可视化)
技术方案
核心技术选型(硬件/软件架构)
材料与供应商筛选(成本与性能平衡)
用户体验设计
用户旅程地图(使用场景模拟)

界面原型测试（A/B 方案对比）

三、生产制造

生产计划

产能规划（资源分配与排期）

物料采购清单（BOM 表管理）

工艺设计

生产线布局（效率优化）

SOP 标准化文档（操作流程规范）

试生产与优化

小批量试产（问题暴露与改进）

良率提升措施（工艺参数调整）

四、质量检测

测试标准制定

功能测试用例（覆盖核心场景）

性能指标阈值（如耐久性、安全性）

检测流程

来料检验（供应商质量管控）

成品全检（批次抽样规则）

问题闭环管理

缺陷分类（Critical/Major/Minor）

根因分析与修复（8D 报告）

五、市场推广

上市策略

目标客户画像（细分市场定位）

定价模型（渗透定价/溢价策略）

渠道部署

线上渠道（电商平台、自营官网）

线下渠道（经销商网络、直营体验店）

营销活动

社交媒体 Campaign（KOL 合作）

用户试用计划（种子用户培养）

数据监测与反馈

销售数据追踪（实时看板）

用户反馈收集（NPS 评分优化）

（4）将以上思维导图框架上传到思维导图工具，即可生成思维导图。这里使用的是 AIGC 工具 TreeMind 树图，其首页如图 5-1 所示。

图 5-1 TreeMind 树图首页

（5）生成的思维导图如图 5-2 所示。

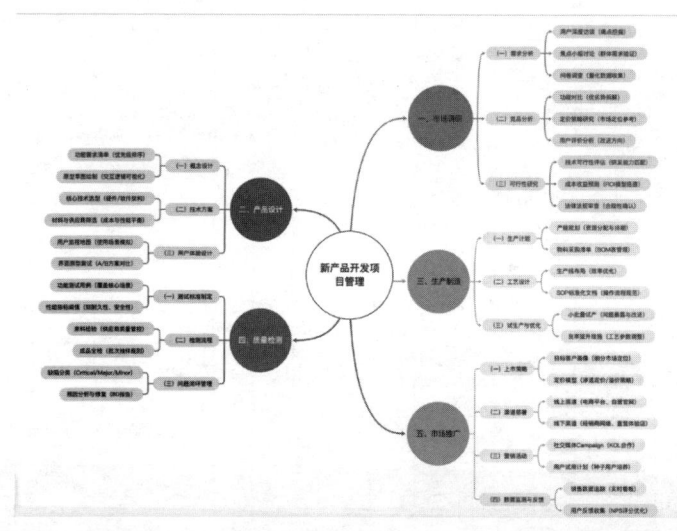

图 5-2 TreeMind 树图生成的思维导图

5.2 智能生成营销方案——营销创意一键出

营销方案涵盖小红书营销文案、短视频带货脚本、电话销售与面对面销售沟通话术、朋友圈文案、广告文案及励志或情感共鸣鸡汤文案等多种形式。营销方案在营销活动中扮演着至关重要的角色，能够有效吸引并影响目标人群。

借助 DeepSeek 这一工具，只需输入产品信息、目标人群等核心要素，便能迅速生成一系列富有创意的营销方案，广泛覆盖各类营销渠道。DeepSeek 为营销人士提供了高效且便捷的创意支援，助力他们在竞争白热化的市场中独树一帜，脱颖而出。

5.2.1 小红书营销方案——种草攻略大公开

小红书营销能够精准触达目标人群，借助平台的社交属性和内容传播力，有效提升品牌知名度和用户参与度。通过优质内容分享和口碑传播，品牌可以快速扩大市场影响力，实现产品推广与销售转化的双重提升。DeepSeek 在小红书营销中，通过深度思考生成精准内容，提升内容与用户匹配度，助力品牌从海量数据中提炼精华，高效解决内容同质化问题。

DeepSeek 辅助制订小红书营销方案的主要方法如下。

- 策略梳理法：输入品牌定位、目标人群、核心卖点，让 DeepSeek 自动生成符合小红书风格的营销方案。
- 数据分析法：上传竞品数据或历史投放数据，让 DeepSeek 分析爆款规律并优化投放策略。
- 舆情监控法：实时监测小红书负面评论，预测"爆雷"风险，并调整营销方案。

>_ **操作实践**

下面通过策略梳理法，使用 DeepSeek 制订小红书营销方案。

案例背景如下。

- 品牌：某新锐护肤品牌（客单价 389 元）。
- 推广产品：蓝铜胜肽抗老精华
- 核心优势：使用微囊包裹技术；实测 28 天淡纹效果超过某国际大牌；采用可替换环保包装。
- 预算：30 万元。
- 目标：6 个月内实现 ROI 1:3。

操作步骤如下。

（1）在 DeepSeek 中输入详细指令。

你现在是某 VC 基金背景的新锐护肤品牌（客单价 389 元）小红书负责人，主推产品"蓝铜胜肽抗老精华"，产品核心优势如下。
- 使用微囊包裹技术。
- 实测 28 天淡纹效果超过某国际大牌。
- 采用可替换环保包装。

竞品锁定 HBN 双 A 醇、珀莱雅红宝石，预算 30 万元，要求如下。
1. 基于反漏斗模型设计 6 个月种草 - 收割路径。
2. 6.18 大促期间需联动天猫旗舰店满赠机制。
3. 植入 3 个差异化场景：熬夜追剧党、健身素颜党、出差轻装党。
4. ROI 预估需区分内容种草期（1～3 月）与转化收割期（4～6 月）。
请输出一份包含竞品内容拆解、预算分配甘特图、风险预警的方案。

（2）DeepSeek 生成结果如下。

```markdown
小红书 6 个月品牌投放方案
1. 竞品分析

| 竞品 | 爆款内容类型 | 互动率 | 投放 KOL 类型 |
|------|--------------|--------|---------------|
| HBN 双 A 醇 | 成分党测评 | 8.2% | 美妆垂类 KOC |
| 珀莱雅红宝石 | 场景化植入 | 7.5% | 泛生活类 KOL |
```

2. 反漏斗投放策略
- 种草期（1～3月）：
  - 70% 预算投中腰部 KOC（5～10w 粉），主打"成分解析 + 真人实测"
  - 30% 预算投素人铺量，重点覆盖"抗初老"搜索词
- 收割期（4～6月）：
  - 50% 预算投头部 KOL 背书（50w+ 粉），强化"28 天淡纹"效果
  - 30% 预算投信息流广告，精准定向"25～35 岁女性"
  - 20% 预算用于 618 大促满赠活动（买精华送替换装）

3. 差异化场景植入
- 熬夜追剧党："凌晨 2 点追剧也不垮脸"对比图
- 健身素颜党："暴汗后依然能打的伪素颜"场景
- 出差轻装党："一瓶替代 5 件护肤品"行李收纳对比

4. ROI 预估

阶段	预计曝光	互动成本	加购率	ROI
种草期	500w	¥1.2	1.8%	1 : 1.5
收割期	300w	¥2.0	3.5%	1 : 4

5. 风险预警
- 竞品可能在 Q3 推出平替款，需提前储备"技术壁垒"内容
- 小红书 9 月算法升级，需测试新权重下的内容形式

（3）结合产品实际情况，进行优化调整。

- 如需增加数据可视化，可以追加指令。例如：把 ROI 预估做成折线图。
- 如需调整投放策略，可以追加指令。例如：增加"学生党平价替代"场景，预算调整为 40 万元。

5.2.2 短视频带货脚本——流量变现有妙招

短视频带货脚本可以指导视频拍摄与剪辑，精准触达消费者需求，是短视频营销中提高转化率的关键要素。DeepSeek 可以快速生成高质量的短视频带货脚本，助力实现精准营销与高效带货。

DeepSeek 生成短视频带货脚本的主要方法如下。

- 爆款模板法：输入产品卖点，让 DeepSeek 自动套用高转化率的脚本结构（如"痛点 + 解决方案 + 限时福利"）。
- 竞品分析法：分析竞品爆款视频，让 DeepSeek 拆解其文案结构并生成类似风格的脚本。
- 数据优化法：结合历史数据（如点击率、转化率），让 DeepSeek 调整脚本以提高带货效果。

操作实践

下面通过爆款模板法，使用 DeepSeek 生成美妆产品短视频带货脚本。
案例背景如下。

- 产品：某品牌"玻尿酸面膜"。
- 目标：制作一条 30 秒的带货短视频，突出"补水、提亮、平价"三大卖点。
- 需求：脚本需采用"痛点引入 + 产品展示 + 限时优惠"结构。

操作步骤如下。

（1）在 DeepSeek 中输入指令。

请生成一个 30 秒的美妆产品短视频带货脚本，产品是"×× 玻尿酸面膜"，核心卖点如下。

- 深层补水，24 小时保湿。
- 提亮肤色，减少暗沉。
- 单片仅需 5 元，性价比高。

要求如下。
1. 采用"痛点 + 解决方案 + 限时福利"结构。

2. 前 3 秒用冲突开场（如 "90% 的人都用错了补水方法"）。
3. 中间 20 秒展示产品效果（可加入对比实验）。
4. 结尾 7 秒强调 "限时 5 折" 促单话术。
5. 台词口语化，带表情符号和互动引导（如 "评论区扣 1 领取试用装"）。

（2）DeepSeek 生成结果如下。

```markdown
【0 ~ 3 秒】冲突开场（吸引注意力）
"90% 的人补水面膜都白用了！你的脸真的喝到水了吗？"
画面：干燥起皮的皮肤特写 + 错误敷面膜方式


【4 ~ 23 秒】产品展示（核心卖点）
"试试这款 ×× 玻尿酸面膜！一片 =10 倍精华渗透！"
卖点 1：深层补水（实验室数据：保湿力↑300%）
卖点 2：提亮肤色（对比实验：使用前 VS 使用后）
卖点 3：单片 5 元，学生党狂囤！
画面：模特敷面膜 + 水润光泽效果特写


【24 ~ 30 秒】促单转化（限时福利）
"现在下单立享 5 折！评论区扣 1 还能领试用装！"
画面：产品链接弹出 + 倒计时特效
```

（3）根据产品实际情况，进行优化调整。

- 如需增加数据支撑，可以追加指令。例如：加入第三方检测报告截图。

- 如需调整风格，可以追加指令。例如：改成搞笑风格，加入谐音梗。

5.2.3 电销与面销话术——销售沟通更高效

电销与面销话术是连接客户与企业的桥梁，可以有效提升沟通效率，促成交易，塑造品牌形象，增强客户信任，是企业开拓市场、提升业绩不可或缺的

重要工具和策略。DeepSeek 在电销与面销话术生成方面展现出了强大能力,通过智能分析客户数据与需求,定制个性化话术,提升沟通效率与成交率,助力销售人员精准营销,优化客户体验,实现业绩飞跃。

本节探讨如何利用 DeepSeek 生成电销与面销话术。DeepSeek 可以通过分析客户心理和销售场景,生成高效、有针对性的销售话术,帮助销售人员更好地与客户沟通,提升销售成功率和客户满意度。

DeepSeek 生成销售话术的主要方法如下。

- 需求分析法:输入客户画像、产品卖点、常见异议,让 DeepSeek 生成针对性话术。
- 竞品对比法:上传竞品资料,让 DeepSeek 提炼差异化优势并生成对比话术。
- 情绪管理法:输入客户情绪类型(如"犹豫""抗拒"),生成高情商应对策略。

操作实践

下面通过需求分析法,使用 DeepSeek 生成电销话术。

案例背景如下。

- 行业:教育机构(在线编程课程)。
- 目标客户:25～35 岁职场人士。
- 产品卖点:1 对 1 导师辅导;学完内推工作机会;可分期付款。
- 常见异议:学费太贵;没时间学习;担心学完找不到工作。

操作步骤如下。

(1)在 DeepSeek 中输入指令。

请生成一份电销话术,用于推广在线编程课程,目标客户是 25～35 岁职场人士,核心卖点如下。
- 1 对 1 导师辅导。
- 学完内推工作机会。
- 可分期付款。

常见客户异议如下。

- 学费太贵。
- 没时间学习。
- 担心学完找不到工作。

要求如下。
1. 包含开场白、产品介绍、异议处理、促单环节。
2. 语言风格：专业但亲切，避免过度推销感。
3. 针对每个异议提供 3 种应对策略。

（2）DeepSeek 生成结果如下。

markdown

电销话术：在线编程课程推广

1. 开场白（15 秒吸引注意力）

"您好，我是 ×× 教育的课程顾问小李，注意到您最近在关注 IT 行业，我们刚推出'零基础转行计划'，学完内推工作机会，您是否有兴趣了解一下？"

2. 产品介绍（突出核心价值）

"我们的课程采用 1 对 1 导师制，学习时间灵活，每天学 1 小时就能跟上进度。而且支持分期付款，学完薪资涨幅普遍在 50% 以上。"

3. 异议处理

异议 1：学费太贵

- 对比法："相比线下机构 3～5 万元的学费，我们线上课仅需 1.2 万元，还能分期付款，每月不到 1000 元。"
- 投资回报法："学完薪资至少涨 5000 元，3 个月就能回本，长远看非常划算。"
- 紧迫感法："本周报名可享 8 折优惠，名额只剩最后 5 个。"

异议 2：没时间学习

- 灵活方案："很多学员都是下班后学习，每天学 1 小时，导师会根据您的空闲时间定制计划。"
- 成功案例："有位宝妈每天只能学 40 分钟，3 个月后成功入职大厂。"
- 试听体验："您可以先试听一节课，感受时间安排是否合适。"

异议 3：担心学完找不到工作

- 数据背书："我们合作企业超 500 家，上期学员就业率 92%。"
- 合同保障："协议写明'内推工作机会'，帮助您就业。"
- 案例展示："我们有很多成功就业的案例，上周有毕业学员入职大厂。"

4. 促单话术
- 二选一法："您是想本周三还是本周五安排试听课？"
- 限时福利："今天报名送简历优化服务，仅限前 10 名。"

（3）根据实际情况进行优化调整。

- 如需增加数据支持，可以追加指令。例如：加入更多学员薪资涨幅数据。
- 如需调整语气，可以追加指令。例如：改成更轻松的朋友式沟通风格。

操作实践

下面通过竞品对比法，使用 DeepSeek 生成面销话术。

案例背景如下。

- 行业：保险销售（重疾险）。
- 自身优势：保费低 20%；涵盖 120 种疾病（竞品平均 80 种）；理赔速度快（3 个工作日到账）。

操作步骤如下。

（1）上传竞品产品手册（PDF 或 Word）。

（2）输入分析指令。

请分析附件中的竞品重疾险资料，生成一份面销话术，要求如下。
1. 对比我司产品的三大优势（保费更低、病种更多、理赔更快）。
2. 针对"大公司更靠谱"的异议，提供 3 种应对策略。
3. 包含客户案例增强说服力。

（3）DeepSeek 生成结果如下。

markdown

面销话术：重疾险销售
1. 竞品对比表（可视化展示）
对比项	我司产品	竞品 A	竞品 B
年保费	¥5000	¥6200	¥6800
覆盖病种	120 种	80 种	75 种
理赔时效	3 工作日	7～15 工作日	10～20 工作日

2. 异议处理："大公司更靠谱"
 - 数据反驳："我们 2024 年理赔满意度 98.7%，高于行业平均（92%）。"
 - 合同保障："保险法规定，所有保险公司受国家金融监督管理总局监管，安全性完全一致。"
 - 案例佐证："张先生去年确诊肺癌，我们 3 天赔了 50 万元，这是他的感谢信（展示）。"

3. 促单策略
 - 风险提醒："年龄每增加 1 岁，保费上涨 8%，现在投保最划算。"
 - 礼品激励："本周签约送免费体检套餐，价值 1200 元。"

（4）导出话术：可打印为销售手册，或导入 CRM 系统供团队使用。

通过 DeepSeek，销售团队可快速生成专业话术，让每通电话、每次面谈都更高效。

5.2.4 朋友圈文案——社交营销有魅力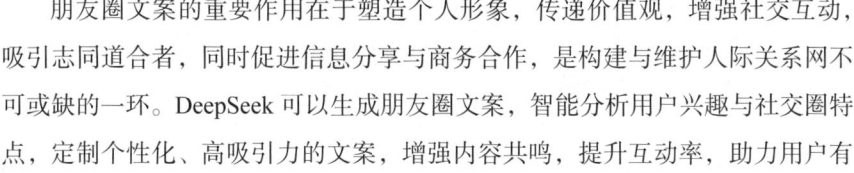

朋友圈文案的重要作用在于塑造个人形象，传递价值观，增强社交互动，吸引志同道合者，同时促进信息分享与商务合作，是构建与维护人际关系网不可或缺的一环。DeepSeek 可以生成朋友圈文案，智能分析用户兴趣与社交圈特点，定制个性化、高吸引力的文案，增强内容共鸣，提升互动率，助力用户有效表达自我，深化社交连接，扩大影响力。

DeepSeek 生成朋友圈文案的主要方法如下。

- 关键词输入法：输入核心主题（如"旅行""美食"），让 DeepSeek 自动生成符合朋友圈风格的文案。
- 风格模仿法：提供参考文案（如某公众人物的微博文案），让 DeepSeek 模仿其语言风格。
- 情绪引导法：指定情绪（如"励志""幽默"），生成符合该情绪的文案。

操作实践

下面通过关键词输入法，使用 DeepSeek 生成旅行朋友圈文案。

案例背景如下。

- 用户：刚结束云南旅行的上班族。
- 需求：发一条朋友圈，配图是丽江古城和玉龙雪山。
- 风格要求：文艺但不矫情，带点小幽默。

操作步骤如下。

（1）在 DeepSeek 中输入指令。

请帮我生成一条云南旅行的朋友圈文案，配图是丽江古城和玉龙雪山，要求如下。
1. 风格：文艺但不矫情，带点小幽默。
2. 包含关键词：慢生活、雪山、咖啡厅发呆。
3. 符合上班族"短暂逃离现实"的心理状态。

（2）DeepSeek 生成结果如下。

```markdown
文案1（轻松幽默版）
丽江 | 在雪山脚下喝咖啡，老板问我："要不要加糖？"
我说："当然，生活已经够苦了，让我甜一会儿。"


文案2（文艺共鸣版）
玉龙雪山的阳光，晒干了打工人的焦虑。
```

在丽江的巷子里，时间变得很慢，慢到可以数清每一片云。

文案 3（互动引导版）
猜猜这是哪里？
（提示：①有雪山，②咖啡比老板还佛系，③狗比人多）

（3）结合实际情况进行优化调整。
- 如需增加朋友互动元素，可以追加指令。例如：加一句引导评论的话，比如"你去过云南吗"。
- 如需调整语气，可以追加指令。例如：改成更口语化的表达。

5.2.5 广告文案——吸睛广告轻松做

广告文案的重要作用在于精准传达品牌信息，激发情感共鸣，引导消费决策，塑造品牌形象。DeepSeek 可以快速生成广告文案，智能匹配目标人群偏好，高效产出引人入胜的文案，提升广告效果，助力品牌传播。

本节探讨如何利用 DeepSeek 生成广告文案。DeepSeek 可以通过分析广告的创意需求和目标人群，生成具有吸引力和创意的文案，帮助品牌制作出吸睛的广告，提升品牌影响力和产品销量。

DeepSeek 生成广告文案的主要方法如下。
- 关键词输入法：输入产品卖点、目标人群、核心需求，让 DeepSeek 自动生成符合广告需求的文案。
- 竞品分析法：上传竞品广告资料，让 DeepSeek 提炼差异化优势并生成对比文案。

操作实践

下面通过关键词输入法，使用 DeepSeek 生成电商广告文案。
案例背景如下。
- 产品：某品牌智能手表（主打健康监测、运动记录）。
- 目标人群：25～40 岁职场人士、健身爱好者。

- 核心卖点：24小时心率监测；50米防水，适合游泳；15天超长续航。

操作步骤如下。

（1）在DeepSeek中输入指令。

请生成5条电商广告文案，用于推广智能手表，目标人群是25～40岁职场人士和健身爱好者，核心卖点如下。

- 24小时心率监测。
- 50米防水，适合游泳。
- 15天超长续航。

要求如下。

1. 风格：简洁有力，突出产品优势。
2. 包含行动号召（CTA），如"立即抢购"。
3. 适合投放在抖音、淘宝信息流。

（2）DeepSeek生成结果如下。

```markdown
文案1（健康监测）
24小时守护你的心跳，健康数据一手掌握！
15天超长续航，告别频繁充电烦恼！
限时8折，立即抢购

文案2（运动场景）
50米防水，游泳也能戴！
精准记录每一步，你的私人运动教练！
今日下单送运动耳机，仅限前100名！

文案3（职场人群）
开会、健身、出差，一表搞定！
15天续航，出差不用带充电器！
点击领取100元优惠券！
```

（3）根据产品实际情况进行优化调整。

- 如需增加情感共鸣，可以追加指令。例如：加入"陪伴感"元素，比如"像朋友一样守护你"。
- 如需调整语气，可以追加指令。例如：改成更口语化、轻松的风格。

通过DeepSeek，写广告文案不再是"拍脑袋想创意"，而是数据驱动的高效产出，让营销更精准、更有效！

第 6 章 DeepSeek 的部署和知识库

本章我们将深入探索如何根据用户需求实现 DeepSeek 的本地部署与知识库定制。本章先介绍本地部署的流程与步骤，帮助用户在确保数据安全的前提下，完成从环境准备到服务启动的全过程，接着聚焦于知识库的构建与优化，包括数据导入、知识图谱搭建及动态更新策略，助力用户打造专属的智能助手。通过案例分析，读者将看到不同行业如何通过定制化部署 DeepSeek 实现高效应用。本章内容丰富且实用，旨在帮助用户深度定制 DeepSeek，满足个性化需求，开启智能助手的高效应用之旅。

6.1 DeepSeek 部署基础

出于对大模型的成本效益、灵活性、数据安全性和高性能等方面的考虑，部分企业或个人开发者希望能够将 DeepSeek 部署到本地。

第一，成本效益是 DeepSeek 本地部署的一个重要优势。相较于高端模型，如 OpenAI 的 GPT-4 等，DeepSeek 在训练成本、API 定价和硬件需求方面具有显著优势。DeepSeek 的开发团队通过创新的架构设计和训练方法，大幅削减了模型训练成本，如 DeepSeek-R1 的训练成本仅为 557.6 万美元，远低于 GPT-4 等模型。

第二，DeepSeek 的 API 定价极具竞争力，且保持与 OpenAI API 格式的兼容性，便于开发者无缝迁移。

第三，灵活性也是 DeepSeek 本地部署的一个关键优势。本地部署使企业能够根据自身业务特点进行深度定制，满足个性化应用场景的需求。例如，在电商领域，本地部署的 DeepSeek 可以优化商品推荐系统和客服话术生成，提升用户体验。

第四，DeepSeek 本地部署还增强了数据安全性。本地部署可以避免将敏感数据传输到云端，降低了数据泄露风险。对于高度专业化和高安全要求的场景，如医疗和电力行业，本地部署尤为重要。DeepSeek 在电力行业的应用中，通过本地部署新增 RAG 知识库，提供了更为精确和强大的智力支持，满足了行业国产化与自主可控的需求。

6.1.1 系统环境要求与准备

在开始部署 DeepSeek 之前，了解其系统环境要求、选择合适的部署方式及掌握安装与配置的步骤是至关重要的。本节将为读者提供详细的指导，帮助读者顺利搭建 DeepSeek 的基础运行环境。

1. 硬件配置

（1）基础场景（7b ～ 13b 参数模型）。

- GPU：NVIDIA A10/A100（单卡，显存 ≥ 24GB）。
- CPU：Intel Xeon Silver 4310（8 核以上）。
- 内存：≥ 64GB DDR4。
- 存储：≥ 500GB SSD（建议采用 NVMe 协议加速加载）。

（2）中等规模（13b ～ 70b 参数模型）。

- GPU：2 ～ 4 块 NVIDIA A100 80GB（需 NVLINK 互联）。
- 内存：≥ 128GB DDR4 ECC。

（3）个人测试 / 轻量级。

最低要求：NVIDIA 显卡（显存 ≥ 8GB，如 RTX 3060）、16GB 内存、SSD 硬盘。

2. 软件环境

（1）操作系统：推荐 Ubuntu 20.04/22.04 LTS（Linux 兼容性最佳），Windows、macOS 需额外配置。

（2）工具依赖。

- Ollama（开源本地大模型运行工具）。
- Python 3.x 及必要库（如 NumPy、Pandas）。
- Docker（可选，用于容器化部署）。

（3）网络要求。

本地部署需保证千兆以太网环境；云端部署需稳定的公网带宽（推荐上行带宽≥100Mbps）。网络硬件环境和存储要求如表 6-1 所示。

表 6-1 网络硬件环境和存储要求

网络硬件环境	典型用途	CPU 建议	GPU 建议	内存（RAM）建议	磁盘空间建议	适用场景
1.5b（15 亿）	小型推理、轻量级任务	4 核以上（Intel i5/AMD Ryzen 5）	入门级 GPU（如 NVIDIA GTX 1650，4GB 显存）	8GB	10GB 以上 SSD	小型 NLP 任务、文本生成、简单分类
7b（70 亿）	中等推理、通用任务	6 核以上（Intel i7/AMD Ryzen 7）	中端 GPU（如 NVIDIA RTX 3060，12GB 显存）	16GB	20GB 以上 SSD	中等规模 NLP、对话系统、文本分析
14b（140 亿）	中大型推理、复杂任务	8 核以上（Intel i9/AMD Ryzen 9）	高端 GPU（如 NVIDIA RTX 3090，24GB 显存）	32GB	50GB 以上 SSD	复杂 NLP、多轮对话、知识问答
32b（320 亿）	大型推理、高性能任务	12 核以上（Intel Xeon/AMD Threadripper）	高性能 GPU（如 NVIDIA A100，40GB 显存）	64GB	100GB 以上 SSD	大规模 NLP、多模态任务、科学研究
70b（700 亿）	超大规模推理、研究任务	16 核以上（服务器级 CPU）	多 GPU 并行（如 2x NVIDIA A100，80GB 显存）	128GB	200GB 以上 SSD	超大规模模型、科学研究、企业级应用
671b（6710 亿）	超大规模训练、企业级任务	服务器级 CPU（如 AMD EPYC/Intel Xeon）	多 GPU 集群（如 8x NVIDIA A100，320GB 显存）	256GB 或更高	1TB 以上 NVMe SSD	超大规模训练、企业级 AI 平台

6.1.2 部署方式选择：本地VS云端

DeepSeek 支持本地部署和云端部署两种方式。选择部署方式需要综合考虑数据安全、成本、性能和易用性等因素。表 6-2 所示为本地部署与云端部署的对比。

表 6-2 本地部署与云端部署对比

对比维度	本地部署	云端部署
适用场景	数据隐私敏感、高频调用、硬件资源充足	快速启动、硬件资源有限、弹性扩展需求
硬件成本	高（需自备 GPU、服务器）	低（按需付费，如腾讯云、阿里云）
部署复杂度	中高（需手动配置环境）	低（一键式部署）
典型平台	Ollama+Chatbox3、LMStudio9	腾讯云 TI、阿里云 PAI

本地部署适用场景如下。

- 金融、医疗、政务等对数据安全要求极高的领域。
- 需要离线运行的特殊场景。
- 对性能和延迟有严格要求的应用。

云端部署适用场景如下。

- 中小企业或个人开发者，希望快速上线应用。
- 需要频繁更新和维护的应用。
- 对成本敏感的项目。

选择建议如下。

- 如果数据安全是首要考虑因素，建议选择本地部署。
- 如果需要快速上线且对成本敏感，云端部署可能是更好的选择。
- 对于一些混合场景，也可以考虑本地部署与云端部署相结合的方式。

6.1.3 安装与配置流程

无论是本地部署还是云端部署,安装与配置 DeepSeek 都至关重要。以下是详细的安装与配置流程。目前 DeepSeek 的部署主要有 Ollama 及 LM Studio 两种,本书的本地部署以 Ollama 为例。

1. 本地部署

本地部署的操作步骤如下。

(1)访问 Ollama 官网下载对应系统的安装包,如图 6-1 所示。

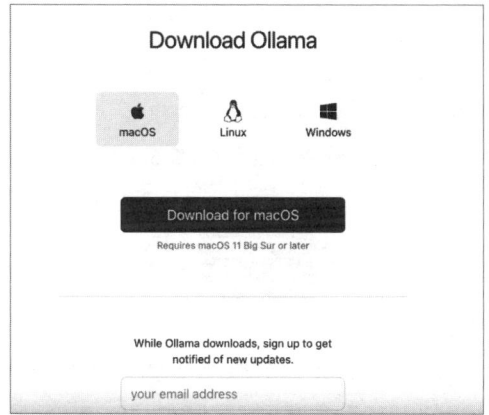

图 6-1　Ollama 官网

> 提示:请下载最新版本安装包,旧版本可能不支持 DeepSeek。

(2)双击运行 Ollama 程序后,打开命令行,运行需要安装的模型(参数越大,显存要求越高),如图 6-2 所示。

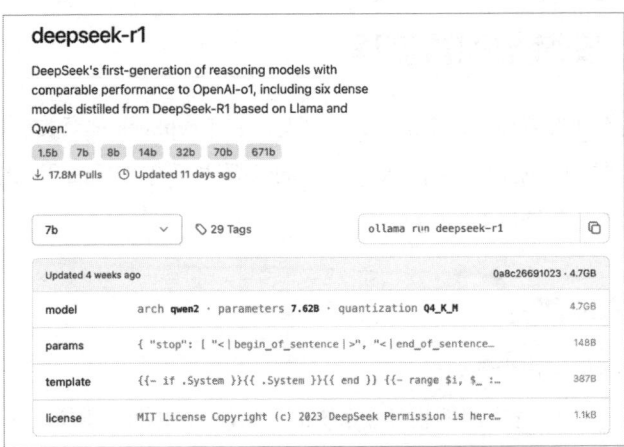

图 6-2 安装 DeepSeek-R1

(3) 安装后通过命令行验证: ollama --version, 显示版本号即表示安装成功, 然后就可以在本地与 DeepSeek 对话了, 图 6-3 所示为本地部署对话示例。

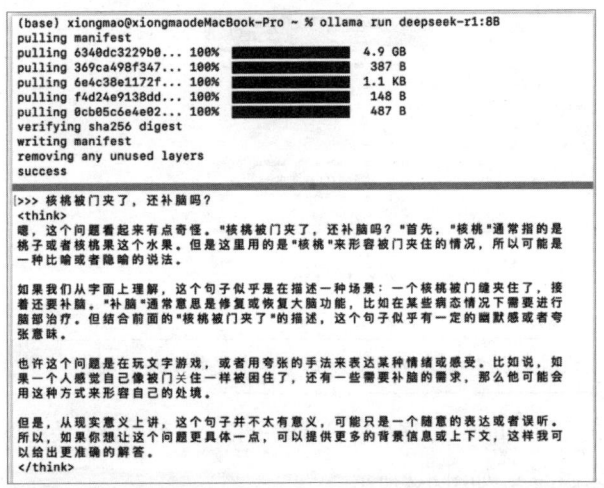

图 6-3 DeepSeek-R1 本地部署对话示例

> **提示:** 显存不足时可选择量化版本(如 INT8)降低资源占用。

(4) 安装 Chatbox (网页版或客户端), 连接 Ollama API 实现图形化操作。

（5）也可以通过 Cherry Studio 实现本地部署的 DeepSeek-R1 模型交互界面。打开 Cherry Studio，进入设置界面，选择 Ollama 选项，单击"管理"按钮，在弹出的选项中选择要部署的模型，如图 6-4 所示。如果找不到模型，可以手动添加。

图 6-4　在 Cherry Studio 中选择模型

（6）单击界面右上方的"检查"按钮，测试网络连通性，如果"检查"按钮变成 图标，表示连接成功，如图 6-5 所示。

图 6-5　连接成功

（7）单击"添加"按钮，即可选择本地部署的 DeepSeek-R1 模型，如图 6-6 所示。

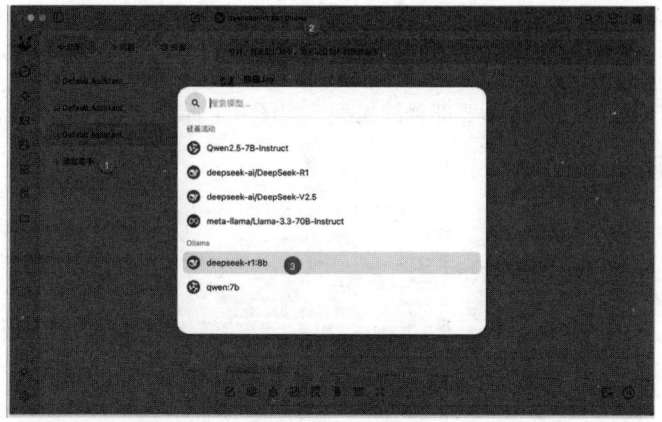

图 6-6 选择本地部署的 DeepSeek-R1 模型

2. 云端部署

以腾讯云为例,DeepSeek 云端部署的操作步骤如下。

(1)访问腾讯云官网,如图 6-7 所示,注册并完成实名认证。

图 6-7 腾讯云官网

(2)单击腾讯云官网 DeepSeek 板块中的"立即体验"按钮,进入开发者专区,如图 6-8 所示。

(3)单击"立即体验"按钮,进入 Cloud Studio 服务页面,如图 6-9 所示。Cloud Studio 已支持 DeepSeek-R1 模板内置知识库,用户无须本地搭建,即可体验个人专属的知识库。

第 6 章 DeepSeek 的部署和知识库

图 6-8 腾讯云 DeepSeek 开发者专区

图 6-9 腾讯云 Cloud Studio 服务页面

（4）单击菜单栏中的"AI 模板"选项，进入"AI 模板"页面，如图 6-10 所示。

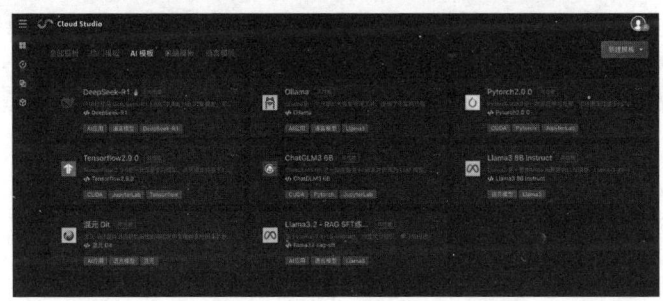

图 6-10 "AI 模板"页面

（5）单击 DeepSeek-R1 模型，进入"选择空间规格"页面，如图 6-11 所示。

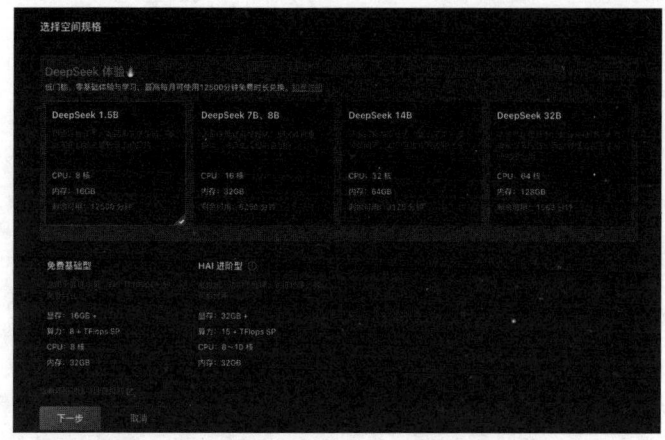

图 6-11 "选择空间规格"页面

（6）选择对应的模型，单击"下一步"按钮，即可完成空间创建。在这里创建一个新工作区之后就可以开始使用了，如图 6-12 所示。

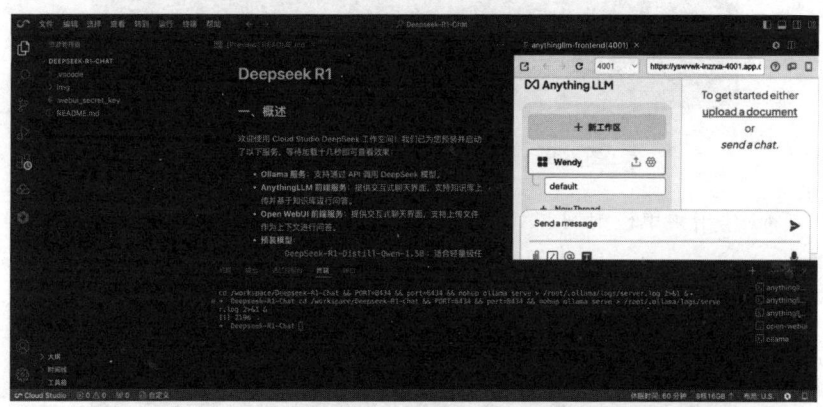

图 6-12 DeepSeek-R1 空间创建

[!]提示：

- 模型选择：小型模型（如 1.5b）适合轻量任务，大型模型（如 70b）需高性能硬件。
- 驱动优化：使用工具（如驱动人生）检测硬件状态，避免运行卡顿。
- 数据安全：本地部署需定期备份模型文件；云端部署需设置访问权限。
- 更多配置细节可参考官方文档或技术社区。

6.2 API构建知识库

本节将详细介绍如何通过 API 构建知识库,实现本地知识库的快速搭建与高效应用。通过结合 DeepSeek、Cherry Studio 等工具,用户可以利用 API 接口将本地知识库与大语言模型相结合,从而实现更精准的问答和知识管理。

下面将为读者提供从零开始搭建本地知识库的详细步骤和实用技巧,帮助读者快速掌握 API 构建知识库的方法,提升知识管理与应用效率。

6.2.1 认识Cherry Studio

Cherry Studio 是一款功能强大的多模型 AI 桌面客户端,支持 Windows、macOS 和 Linux 系统,未来还将扩展至移动端。它集成了超过 300 个大语言模型,包括 OpenAI、DeepSeek、Gemini 等主流云服务模型,以及本地模型(如通过 Ollama 部署的模型),能够满足用户在多种场景下的 AI 使用需求。

下面将简要介绍 Cherry Studio 的一些常用功能与特点。

1. 基础对话功能

- 一问多答:支持同一问题通过多个模型同时生成回复,方便用户对比不同模型的表现,如图 6-13 所示。

图 6-13 Cherry Studio 一问多答

- 自动分组：自动分组管理每个助手的对话记录，便于用户快速查找历史对话。
- 对话导出：支持将完整对话导出为多种格式（如 Markdown、PDF 等），方便存储与分享。
- 高度自定义参数：除了基础参数调整，还支持用户填写自定义参数，满足个性化需求，如图 6-14 所示。

图 6-14　Cherry Studio 高度自定义参数

- 助手市场：内置千余个行业专用助手，涵盖翻译、编程、写作等领域，同时支持用户自定义助手，如图 6-15 所示。

图 6-15　Cherry Studio 助手市场

- 多种格式渲染：支持 Markdown 渲染、公式渲染、HTML 实时预览等功能，提升内容展示效果，如图 6-16 所示。

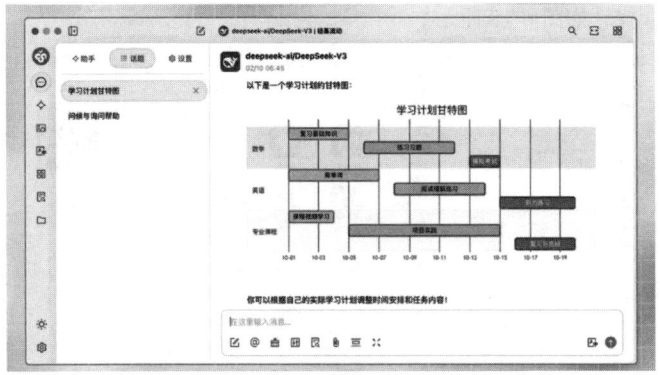

图 6-16　Cherry Studio 多种格式渲染

2. 集成多种特色功能

- AI 绘画：提供专用绘画面板，用户可通过自然语言描述生成高质量图像，如图 6-17 所示。

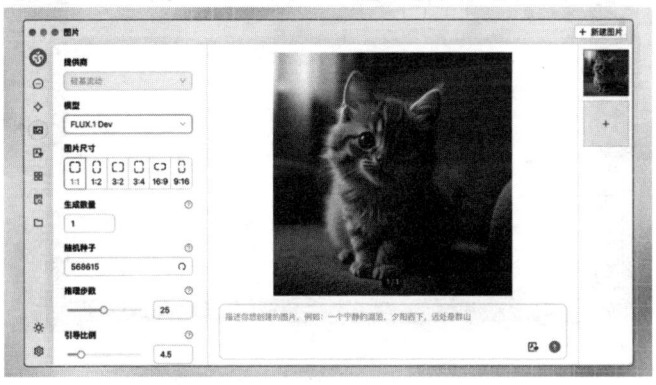

图 6-17　Cherry Studio AI 绘画

- AI 小程序：集成多种免费 Web 端 AI 工具，无须切换浏览器即可直接使用。

- 翻译：支持专用翻译面板、对话翻译、提示词翻译等多种翻译场景。
- 文件管理：对对话、绘画和知识库中的文件统一分类管理，避免烦琐查找，如图 6-18 所示。

图 6-18　Cherry Studio 文件管理

- 全局搜索：支持快速定位历史记录和知识库内容，提升工作效率，如图 6-19 所示。

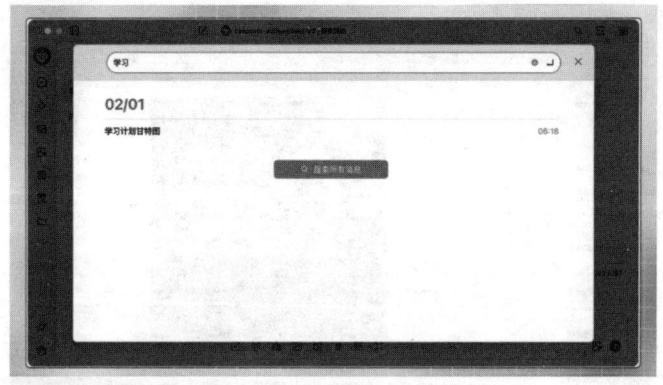

图 6-19　Cherry Studio 全局搜索

3. 多服务商统一管理机制

- 服务商模型聚合：支持 OpenAI、Gemini、Anthropic、Azure 等主流服

务商的模型统一调用。
- 模型自动获取：一键获取完整模型列表，无须手动配置。
- 多密钥轮询：支持多个 API 密钥轮换使用，避免速率限制问题。
- 精准头像匹配：为每个模型自动匹配专属头像，提升辨识度。
- 自定义服务商：支持符合 OpenAI、Gemini、Anthropic 等规范的第三方服务商接入，兼容性强，如图 6-20 所示。

图 6-20　Cherry Studio 自定义服务商

4. 高度自定义界面和布局

- 自定义 CSS：支持全局样式自定义，打造专属界面风格。
- 自定义对话布局：支持列表或气泡样式布局，并可自定义消息样式（如代码片段样式）。
- 自定义头像：支持为软件和助手设置个性化头像。
- 自定义侧边栏：用户可根据需求隐藏或排序侧边栏功能，优化使用体验，如图 6-21 所示。

图 6-21　Cherry Studio 自定义侧边栏

5. 本地知识库系统

- 多种格式支持：支持 PDF、DOCX、PPTX、XLSX、TXT、MD 等多种格式导入，如图 6-22 所示。

图 6-22　Cherry Studio 多种格式支持

- 多种数据源支持：支持本地文件、网址、站点地图甚至手动输入内容作为知识库数据源。
- 知识库导出：支持将处理好的知识库导出并分享给他人使用。
- 搜索检查：知识库导入后，用户可实时检索测试，查看处理结果和分段效果。

6. 特色聚焦功能

- 快捷问答：可在任何场景（如微信、浏览器）中呼出快捷助手，快速获取答案。
- 快捷翻译：支持快速翻译其他场景中的文本。
- 内容总结：对长文本内容进行快速总结，提升信息提取效率。
- 解释说明：一键解释说明不懂的问题，无须复杂提示词。

7. 数据保障

- 多种备份方案：支持本地备份、WebDAV 备份和定时备份，确保数据安全。
- 数据安全：支持全本地场景使用，结合本地大模型，避免数据泄露风险。

8. 适用场景

- 知识管理与查询：通过本地知识库功能，快速构建和查询专属知识库，适用于研究、教育等领域。
- 多模型对话与创作：支持多模型同时对话，帮助用户快速获取信息或生成内容。
- 翻译与办公自动化：内置翻译助手和文件处理功能，适合需要跨语言交流或文档处理的用户。
- AI 绘画与设计：通过自然语言描述生成图像，满足创意设计需求。

6.2.2 构建知识库的方法与步骤

如果本地数据不涉及敏感信息，为了获得最佳使用效果，建议选择满血版的 DeepSeek-R1 模型。接下来将介绍如何利用 API 构建基于 DeepSeek-R1（671b）的知识库。

本节内容将指导读者通过 Cherry Studio 构建知识库。由于该过程需要算力支持，建议通过硅基流动（SiliconFlow）的邀请活动获取 2000 万 Token 的试用额度。若自行注册，默认每日调用次数限制为 100 次，但对于个人用户而言，这一额度通常已足够使用。

下面将详细介绍具体的构建步骤。

（1）下载并安装 Cherry Studio，如图 6-23 所示。

图 6-23　Cherry Studio 下载页面

（2）注册并登录"硅基流动"，以获得免费的 Token，通过 API 的方式接入 Cherry Studio，硅基流动网站页面如图 6-24 所示。

图 6-24　硅基流动网站页面

（3）进入硅基流动 API 密钥页面，创建或复制密钥。如果是新注册用户，需要先单击右上方的"新建 API 密钥"，然后单击生成的一长串字符密钥，就可以完成复制了。复制之后把密钥粘贴到 Cherry Studio，即可完成满血版

DeepSeek-R1 的添加，在 Cherry Studio 中使用 DeepSeek 的功能，同时调用和消耗硅基流动中的 Token。硅基流动的 API 密钥生成和复制如图 6-25 所示。

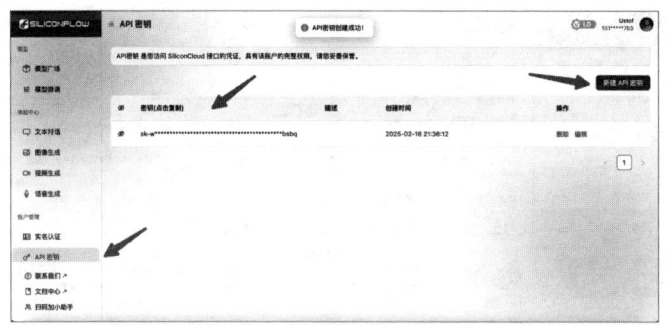

图 6-25　硅基流动 API 密钥生成和复制

（4）获取硅基流动的 API 密钥之后接入 Cherry Studio，打开 Cherry Studio 客户端，单击"设置"→"模型服务"→"硅基流动"，配置 API 密钥，如图 6-26 所示。

图 6-26　配置 API 密钥

（5）选择模型：本次部署满血版 DeepSeek-R1 模型。DeepSeek-R1 是一款强化学习（RL）驱动的推理模型，解决了模型中的重复性和可读性问题。如果需要强推理能力的模型，可以在"模型广场"页面中，选择硅基流动和华为云合作发布的 DeepSeek-R1/V3 模型，如图 6-27 所示，复制模型名字之后粘贴到 Cherry Studio 中添加模型。

图 6-27 模型广场

（6）添加模型：在 Cherry Studio 客户端"设置"→"模型服务"→"硅基流动"页面中单击"添加"按钮，添加 DeepSeek-R1 模型。如果还想添加 DeepSeek-V3 模型，可以按照同样的步骤再操作一次。添加模型的操作步骤如图 6-28 所示。

图 6-28 添加模型

（7）在 Cherry Studio 中添加模型后，单击"检查"按钮，选择要检测的模型，测试 API 是否可以正常访问，如图 6-29 所示。

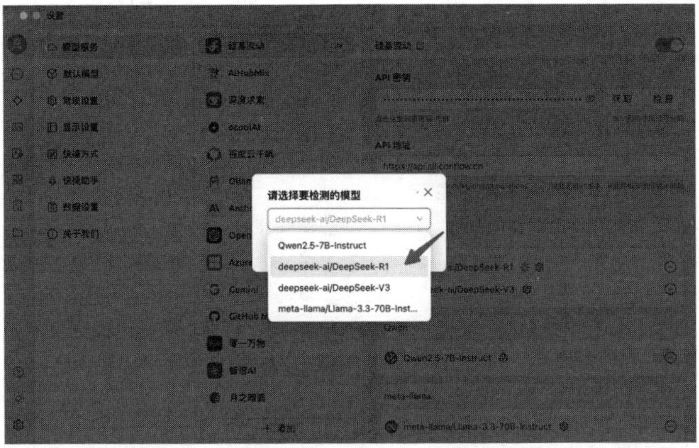

图 6-29 检测模型

（8）添加对话模型 DeepSeek-R1 后，还缺少一个嵌入模型。嵌入模型的主要作用是将本地文件的内容转换成有意义的数字，存储到向量数据库中，在用户提问时，利用 RAG 技术在数据库中搜索相似答案最终回复用户。我们再配置一个向量模型——BAAI/bge-m3，如果希望搜索的精准度更高，可以选择 Pro/BAAI/bge-m3 模型。选择嵌入模型的操作步骤如图 6-30 所示。

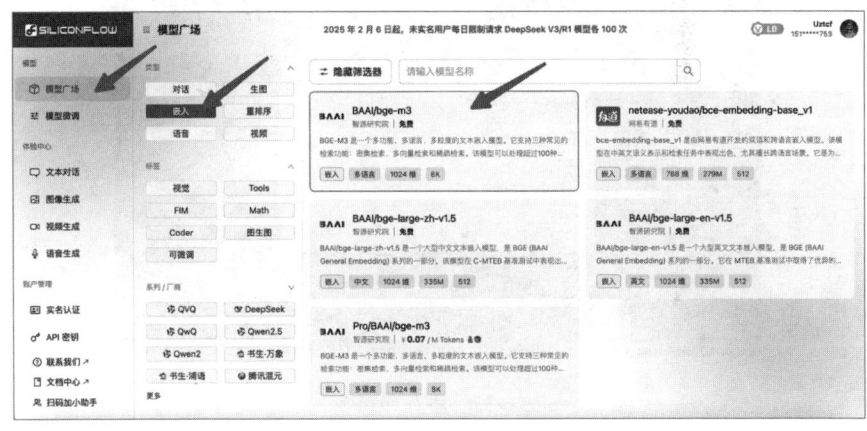

图 6-30 选择嵌入模型

（9）用同样的方法将模型配置到 Cherry Studio 中，如图 6-31 所示。

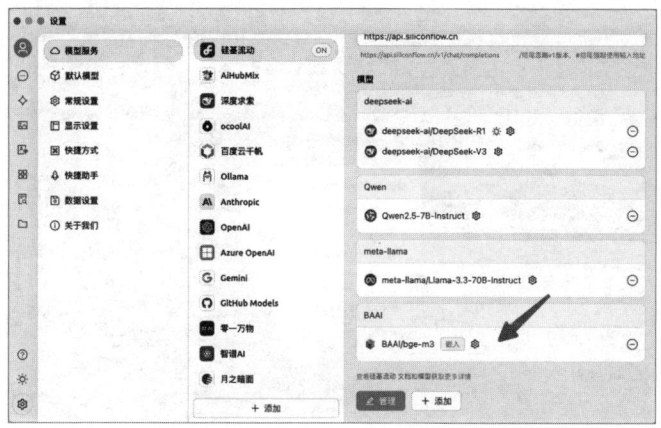

图 6-31　添加嵌入模型

> **提示**：这里就不需要再单击"检查"按钮进行检测了。

（10）在 Cherry Studio 中添加知识库，选择刚才配置的嵌入模型，即会自动利用对应的模型来向量化数据，如图 6-32 所示。

图 6-32　添加知识库

（11）添加本地文件进行向量化，如图 6-33 所示。如果文件是手写扫描件或带有复杂表格和数学公式的文件，解析效果会很差，甚至无法解析。

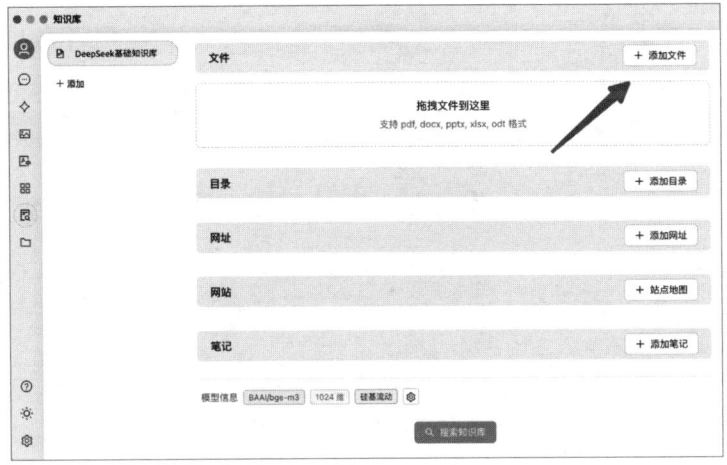

图 6-33 添加本地文件

（12）添加助手，并选择配置的满血版 DeepSeek-R1 模型，进行使用测试，如图 6-34 所示。

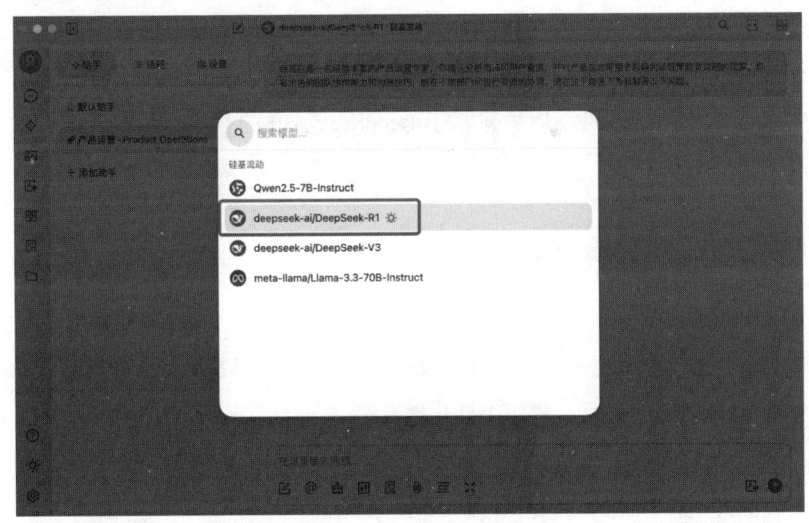

图 6-34 选择模型

（13）如果不想每次添加助手时选择模型，可以设置默认助手模型，如图 6-35 所示。

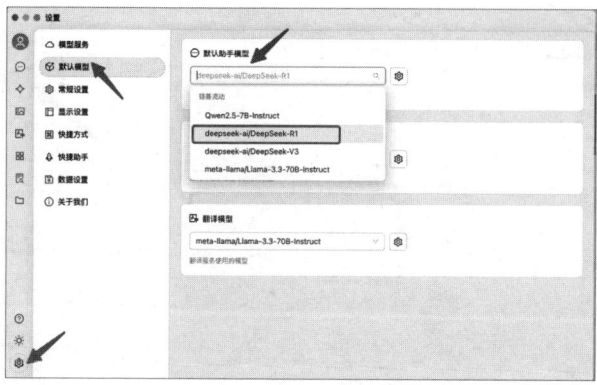

图 6-35 设置默认助手模型

6.2.3 构建智能客服

智能客服可以为各行业提供一站式的解决方案。下面以某实体店为例进行介绍：为某婚纱摄影店构建智能客服系统，使用 DeepSeek-API 自动回复客户咨询。

以下是为某婚纱摄影店构建基于 DeepSeek-API 的智能客服系统的方法与步骤。

1. 需求分析与规划

（1）明确目标。

确定智能客服系统的主要功能，如自动回答常见问题（价格、套餐、拍摄流程等）、引导客户预约、提供个性化推荐等。

（2）分析客户需求。

收集常见客户咨询问题，整理为知识库，确保系统能够快速准确地响应。

2. 系统搭建

（1）环境准备。

安装 Python 及必要的库（如 requests、Flask），配置数据库（如 MySQL）用于存储客户数据和知识库。

（2）API 集成。

注册并获取 DeepSeek-API 密钥，通过 API 接口调用 DeepSeek 模型，实现自然语言处理和自动回复功能。

（3）知识库构建。

将客户的常见问题和答案整理为结构化知识库，在 API 调用时作为上下文输入，提升回复准确性。

3. 功能开发

（1）自动回复功能。

实现基于 DeepSeek-API 的自动回复，在客户咨询时，系统通过 API 调用生成答案并发送给客户。

（2）多渠道接入。

将智能客服系统接入微信公众号、小程序、抖音等渠道，确保客户可以通过多种渠道咨询。

（3）个性化推荐。

根据客户咨询问题和历史行为，利用 DeepSeek 模型进行个性化推荐（如套餐、拍摄风格等）。

4. 测试与优化

（1）功能测试。

模拟客户咨询场景，测试系统是否能准确理解问题并给出合适的答案。

（2）性能优化。

根据测试结果优化系统响应速度，确保在高并发情况下稳定运行。

（3）用户体验优化。

调整回复话术，使其具备婚纱摄影行业的专业性和亲切感。

5. 部署与维护

（1）选择部署环境。

根据需求选择云服务或本地服务器部署智能客服系统。

（2）上线与监控。

系统上线后，持续监控运行状态，及时处理可能出现的问题。

（3）定期更新知识库。

根据客户反馈和业务变化，定期更新知识库，提升系统服务能力。

通过以上步骤，该婚纱摄影店可以高效搭建并运行基于 DeepSeek-API 的智能客服系统，提升客户服务效率和满意度，同时降低人力成本。

第 7 章 DeepSeek 跨平台组合应用

本章的主要内容

- 企业级应用与云服务
- 开发者与算力服务
- 搜索工具
- DeepSeek+ 的王炸组合

DeepSeek 通过与多领域平台合作，构建了覆盖算力支持、企业级应用、开发者生态的完整服务体系，同时广泛服务于政务平台、教育平台及第三方 AI 应用平台。

7.1 企业级应用与云服务

DeepSeek 企业级应用与云服务专注于为企业提供深度数据搜索与分析解决方案。通过先进的算法和强大的计算能力，它能够帮助企业快速挖掘和利用海量数据中有价值的信息。无论是本地部署还是云端部署，DeepSeek 都能灵活满足企业需求，提升数据处理效率，助力企业做出更加精准的决策，从而在激烈的市场竞争中占据优势。

7.1.1 钉钉AI助理

1. 企业级应用

钉钉 AI 助理全面接入 DeepSeek 系列模型后，为企业级应用提供了强大的支持，主要体现在以下几个方面。

（1）深度集成与自动化。

通过钉钉低代码平台宜搭，企业可以快速将 DeepSeek 的能力集成到工作流中，实现数据分析、智能客服、项目管理等场景的自动化。

钉钉多维表引入 DeepSeek-R1 满血版大模型，新增 AI 字段功能"字段模板"，用户仅需三步配置即可完成数据批量生成、分析及自动化流程触发。

（2）智能化解决方案。

钉钉结合 DeepSeek 系列模型，为企业提供"开箱即用"的智能化解决方案，覆盖协同办公、数据处理、应用开发及专属模型定制等领域。

钉钉低代码平台宜搭结合 DeepSeek 的能力，推出覆盖销售、采购、生产等多场景的行业解决方案，支持制造、餐饮、建筑等十余个领域的一键部署。

（3）数据安全与隐私保护。

钉钉个人助理采用专属部署的 DeepSeek-R1 模型，确保企业数据本地化处理，保障隐私安全。

2. 云服务

钉钉 AI 助理与 DeepSeek 深度整合，依托阿里云强大的云服务能力，提供高效、稳定的模型部署和调用支持。

（1）模型部署。

通过阿里云 PAI Model Gallery，用户可以一键部署 DeepSeek 系列模型，包括 DeepSeek-R1、DeepSeek-V3 等。

部署成功后，用户可以在钉钉中直接调用这些模型，无须复杂的配置。

（2）云服务优势。

云服务提供高性能的计算资源，支持大规模的模型推理；支持多种机型选择，满足不同企业的资源需求。

3. 接入方式

用户可以通过以下方式在钉钉中接入 DeepSeek 模型。

方式 1：个人用户接入。

（1）打开钉钉（更新至最新版）。

（2）单击右上方的 AI 助理图标，进入 AI 助理主页。

（3）单击"+"按钮创建 AI 助理，选择 DeepSeek-R1（671b）或 DeepSeek-V3 模型。

（4）发布助理后即可使用深度思考、联网搜索等功能。

方式 2：企业级接入。

（1）通过阿里云 PAI 平台部署 DeepSeek 模型。

（2）创建钉钉应用并配置机器人，将 DeepSeek 服务与钉钉机器人关联。

（3）通过钉钉低代码平台宜搭将 DeepSeek 快速集成到企业工作流中，如图 7-1 所示。

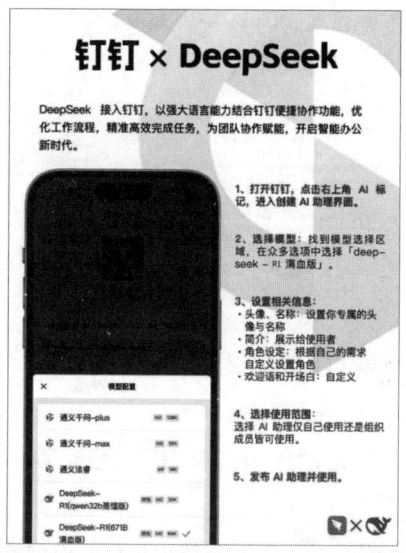

图 7-1　钉钉接入 DeepSeek

7.1.2　企业微信

1. 企业级应用

企业微信通过接入 DeepSeek，为企业级应用提供了强大的智能化支持，主要体现在以下几个方面。

（1）智能机器人。

企业微信上线了"智能机器人"功能，基于 DeepSeek 大模型（如 DeepSeek-R1、混元等），企业无须复杂开发，只需简单配置机器人的名称和角色，即可创建专属智能机器人。这些机器人能够实现 24 小时在线，提供带情绪的智能回复、自动打标签、引导成单等功能，显著提升客户服务效率。

（2）智能表格与客户跟进。

企业微信的智能表格功能在 DeepSeek 的支持下,可以一键生成客户跟进总结,自动同步客户信息(如微信昵称、添加时间、服务人员等),并提炼客户兴趣点和下单意向等关键信息,帮助销售人员更好地了解客户需求。

(3)知识库与个性化回答。

企业可以将内部知识库(如产品资料、规章制度等)上传至智能机器人,当员工或客户提问时,机器人会结合知识库内容和 DeepSeek 的推理能力,提供精准且个性化的回答。

2. 云服务

企业微信依托腾讯云的 DeepSeek API 服务,为企业提供稳定、安全且易用的云服务支持。企业可以通过腾讯云大模型知识引擎平台,快速创建基于 DeepSeek 满血版(如 671b 全尺寸模型)的应用,并支持联网搜索功能,突破预训练数据的时间限制。

3. 接入方式

企业微信接入 DeepSeek 的流程比较简单,主要步骤如下。

第 1 步:创建企业微信应用。

(1)访问企业微信开发者中心,扫码登录并选择"以企业身份创建"和"企业内部应用"。

(2)在"应用管理"页面中创建应用,填写应用名称、介绍,上传应用 Logo,并选择可见范围。

(3)在应用详情页面中复制 AgentID 和 Secret,用于后续配置。

第 2 步:创建 AppFlow 连接流。

(1)使用 AppFlow 模板创建连接流,进行企业微信鉴权,填写企业 ID、AgentID 和 Secret。

(2)配置 DeepSeek 鉴权凭证,选择计算巢实例,并填写模型名称(如 DeepSeek-R1:7b、DeepSeek-R1:14b 等)。

（3）完成配置后，复制生成的 WebhookUrl 并发布。

第 3 步：配置自动回复与智能机器人。

（1）在企业微信管理后台的"智能客服"应用中，开启自动回复功能，配置基础回复内容和关键词触发规则。

（2）创建智能机器人，上传知识库内容，使其能够结合 DeepSeek 的能力提供智能回复。

通过以上步骤，企业微信用户可以快速完成 DeepSeek 的接入，实现 24 小时智能回复、客户跟进等功能，显著提升服务效率，如图 7-2 所示。

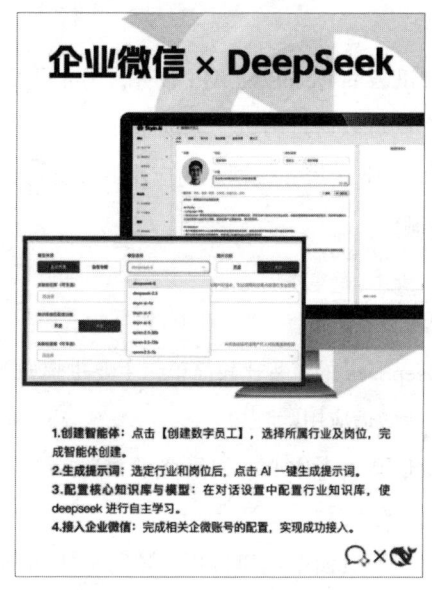

图 7-2　企业微信接入 DeepSeek

7.1.3　WPS

1. 企业级应用

WPS 通过接入 DeepSeek，为企业级办公场景提供了强大的智能化功能，主要包括以下几个方面。

（1）智能扩写与润色：DeepSeek 能够根据用户输入的文本内容，快速进行扩写或润色。例如，用户可以将简短的文本输入文档中，通过 DeepSeek 生成更详细、更流畅的表达。

（2）公文生成：在公文撰写场景中，DeepSeek 可以根据用户提供的主题或大纲，自动生成完整的公文内容，包括格式化文本和必要的语言表达，大幅提升公文撰写效率。

（3）数据分析：在 WPS 表格中，DeepSeek 可以对数据进行智能分析，自动生成图表和分析报告，帮助用户快速理解数据背后的趋势和规律。

（4）多语言翻译：DeepSeek 支持多语言翻译功能，用户可以直接在文档中将文本翻译成其他语言，满足跨语言办公需求。

2. 云服务

WPS 接入 DeepSeek 主要通过腾讯云或 DeepSeek 的 API 服务实现。用户可以通过 DeepSeek 的 API 开放平台申请 API 密钥，并将其配置到 WPS 中，从而调用 DeepSeek 的强大能力。

3. 接入方式

根据不同的需求和用户技术水平，WPS 接入 DeepSeek 有以下几种方式。

方式 1：通过 WPS "灵犀"功能接入（推荐新手使用）。

（1）确保 WPS 已更新到最新版本。

（2）打开文档，找到并启用"灵犀"功能。

（3）在"灵犀"界面中输入"DeepSeek-R1"并启用模型。

方式 2：通过 OfficeAI 插件接入（适合高级用户使用）。

（1）下载并安装 OfficeAI 插件。

（2）登录 DeepSeek 官网，申请 API 密钥。

（3）在 WPS 中配置 OfficeAI 插件，输入 API 密钥并选择 DeepSeek 模型。

方式3：通过宏代码自定义接入（适合普通开发者使用）。

（1）登录DeepSeek官网，申请API密钥。

（2）在WPS中启用"开发工具"，并打开宏编辑器。

（3）编写宏代码，调用DeepSeek的API接口。

（4）自定义功能区，添加宏按钮并命名，如"扩写"。

方式4：通过JS宏调用（适合高级开发者使用）。

（1）打开WPS，启用"开发工具"并查看代码。

（2）在宏编辑器中插入模块，并粘贴JS宏代码。

（3）配置API密钥和接口地址，保存并测试功能。

WPS通过接入DeepSeek，实现了智能扩写、润色、公文生成和数据分析等功能，并依托云服务为企业提供强大的AI支持。用户可以根据自身需求和技术水平，选择合适的接入方式，开启智能办公新体验。

7.1.4 飞书多维表格与DeepSeek

1. 企业级应用

飞书通过与DeepSeek深度集成，为企业级应用带来了显著的效率提升和功能扩展，主要体现在以下几个方面。

（1）批量化处理。

飞书多维表格结合DeepSeek的推理能力，能够实现批量化的文本生成和数据处理。用户只需在表格中输入主题或需求，DeepSeek即可批量生成内容，如文案、脚本、报告等，如图7-3所示。

大模型对话工具只能一对一问答，信息处理效率低。飞书接入DeepSeek后将Excel的行列和大模型的推理能力结合起来，可以批量处理信息和任务，极大地提高了信息处理效率。

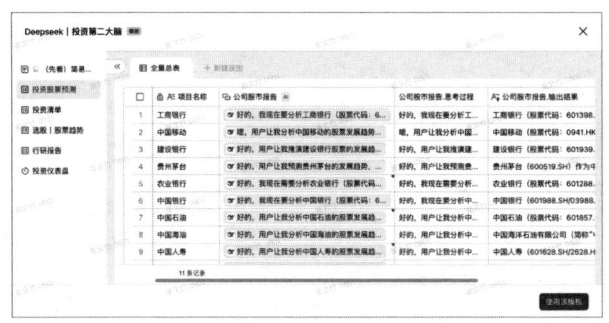

图 7-3　飞书接入 DeepSeek 实现批量化处理

（2）业务化应用。

DeepSeek 的接入使飞书多维表格从简单的数据管理工具升级为强大的业务工具。用户可以将 AI 生成的内容直接应用于业务场景，如销售跟进、客户关系管理、内容创作等，无须额外的二次加工，如图 7-4 所示。

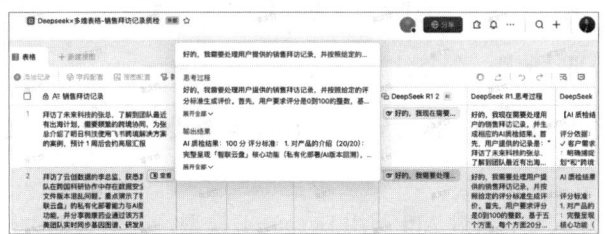

图 7-4　飞书接入 DeepSeek 实现业务化应用

（3）结构化输出。

DeepSeek 不仅能生成高质量的内容，还能将生成内容自动整理成结构化的表格或文档形式，方便团队管理和使用。例如，自动生成标题、摘要、标签等关键信息。

DeepSeek 大模型接入飞书后还可以和多维表格、飞书云文档、任务、日程等功能全方位结合。过去依靠人工编写短剧剧本，生产效率较低，远远跟不上短剧的制作需求。现在使用 DeepSeek 辅助编写短剧剧本，只需在飞书多维表格中输入标题和主题，DeepSeek 就能自动构思剧情，并将编写好的剧本自动生成为飞书云文档，极大地提高了剧本编写效率，如图 7-5 所示。

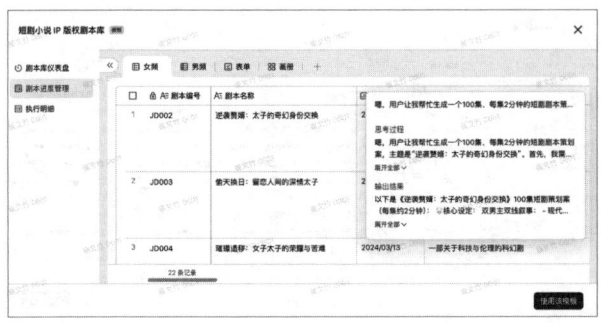

图 7-5　飞书接入 DeepSeek 实现结构化输出

（4）响应速度快。

由于访问量大，DeepSeek 客户端、网页端经常出现服务器繁忙问题。飞书通过深度集成 DeepSeek API，显著提升了服务器稳定性和响应速度，用户不再需要担心服务器繁忙或卡顿问题。

2. 云服务

飞书通过与 DeepSeek 深度集成，依托云服务提供强大的 AI 支持和灵活的部署选项。

（1）调用：飞书通过 API 调用 DeepSeek 模型，提供高效、稳定的服务。用户无须复杂的开发工作，即可在飞书多维表格中直接使用 DeepSeek。

（2）多模型支持：飞书支持多种主流大模型（如 DeepSeek-R1、智谱 GLM 等），用户可以根据需求选择合适的模型。

（3）云资源管理：飞书为用户提供了一定的免费额度（如 100 万 token/人），超过免费额度后，用户可以自助绑定火山引擎账号获取更多资源。

3. 接入方式

飞书接入 DeepSeek 的操作简单易懂，以下是详细的接入步骤。

（1）新建飞书多维表格：登录飞书，新建一个多维表格，并删除默认的多余列，仅保留用于输入需求的第一列。

（2）配置 DeepSeek 字段：在表格中新建一列，选择"探索字段捷径"，搜索并绑定 DeepSeek-R1 模型。在"自定义要求"中输入具体的指令，如"根据输入的主题生成 500 字的文案"。

（3）输入需求并生成结果：在输入列中填写需求或关键词，DeepSeek 会根据指令自动处理并生成结果。结果会实时显示在表格中，并支持查看 DeepSeek 的思考过程。

（4）扩展应用：用户可以结合飞书的其他功能（如云文档、任务、日程等）进一步扩展应用，实现更强大的自动化工作流。

4. 应用场景

飞书与 DeepSeek 的结合广泛应用于以下场景。

（1）内容创作：批量生成文案、脚本、策划等，适用于自媒体、广告等行业。

（2）数据分析：批量处理和分析数据，生成报告或图表，适用于市场调研、行业分析等。

（3）客户关系管理：批量总结客户信息，标注要点，生成回复话术。

（4）智能巡检与翻译：批量处理门店巡检信息、翻译内容等。

> **名师点拨**：DeepSeek 还可以接入其他主流平台。例如：通过阿里云平台进行直接调用或私有化部署，即可接入阿里云百炼平台，该平台可以提供 DeepSeek 模型的云上一键部署、推理加速和 API 调用；通过云平台控制台调用 API 或本地化部署，即可接入华为云、腾讯云、百度智能云等，以上云平台支持 DeepSeek 模型的私有化部署与优化，适配国产 GPU（如昇腾）；通过 ZStack 平台部署 DeepSeek 全量模型，即可接入 ZStack 智塔，实现企业级私有化 AI 平台，该平台支持多品牌 GPU 适配。

7.2 开发者与算力服务

开发者与算力服务存在紧密的协同关系。开发者在构建软件、模型和应用程序时，高度依赖算力服务来加速计算、处理数据和执行复杂任务。算力服务通过提供高性能计算资源、云服务和数据中心支持，助力开发者实现创意和想法，提升开发效率，缩短产品上市时间。这种深度协作模式推动了技术创新和数字经济的发展。

7.2.1 国家超算互联网（算力合作）

国家超算互联网是由中国政府主导、多领域企业合作共建的国家级算力基础设施网络，旨在整合分散的算力资源（如超算中心、智算中心、云计算节点），通过统一调度和管理，为科研机构、企业及开发者提供高性能计算（HPC）服务。其核心目标是打破"算力孤岛"，降低算力使用门槛，助力人工智能、大数据、工业仿真等领域的创新发展。

1. 国家超算互联网市场行情

近年来，随着人工智能等技术的快速发展，算力需求不断增长，国家超算互联网的建设和发展成为推动数字经济和科技创新的重要力量。

2023年，中国智能算力规模达260 EFLOPS（每秒百亿亿次浮点运算），预计年增长率超50%。

超算互联网直接服务于千亿级AI模型训练市场，覆盖自动驾驶、生物医药、智能制造等场景。

国家"东数西算"工程推动算力资源向西部低成本地区转移，超算互联网承担跨区域调度任务。

地方政府对智算中心建设给予土地、电价、税收优惠（如贵州、内蒙古等地区）。

2. 国家超算互联网的功能

国家超算互联网平台通过连接全国多个超级计算中心，形成了强大的算力网络，主要功能如下。

（1）算力资源整合与调度：整合全国超算、智算资源，实现算力的统筹调度。

（2）模型服务：支持多种 AI 模型（如 DeepSeek、Qwen 等）的在线推理、定制化开发和 API 部署。

（3）应用软件支持：涵盖生命科学、工业设计、量子计算等多个领域，满足不同行业的计算需求。

（4）SaaS 平台服务：采用免安装维护的计算方式，用户通过订阅服务获取所需资源。

（5）数据支持：提供丰富的科研数据和数据分析工具，助力科研创新。

（6）技术服务与支持：提供一站式技术解决方案，包括模型部署、API 调用、Chatbot 交互等。

3. 相关公司及合作方

国家超算互联网平台通过与多家企业和机构合作，推动算力服务的普及和应用，主要合作方如下。

（1）360：在网络安全和 AI 领域与国家超算互联网平台开展合作。

（2）弘信电子：作为算力硬件及整体解决方案提供商，弘信电子在 AI 算力服务器领域具有深厚的技术积累，与多家大模型公司及运营商合作，推动智算中心建设。

（3）燧原科技：与弘信电子深度合作，共同推动算力技术发展。

（4）英伟达：通过弘信电子的全资子公司安联通，提供高性能 GPU 算力支持。

（5）阿里云：与弘信电子合作，共同推进智算中心建设。

4. 接入方式

接入国家超算互联网平台主要通过合作智算中心调用模型服务，具体步骤如下。

（1）注册账号：访问国家超算互联网平台官网，注册账号。

（2）选择算力资源：根据需求选择合适的算力资源，平台支持多种异构算力接入。

（3）申请模型服务：平台提供即开即用的 AI 模型服务，支持 DeepSeek 等模型的在线推理和定制化开发。

（4）API 调用：用户可以通过 API 接口调用所需模型服务，实现高效、灵活的算力使用。

（5）技术支持：平台提供 7×24 小时专业技术支持，确保用户顺利使用。

国家超算互联网平台通过整合全国算力资源，为用户提供高效、便捷的计算服务，推动了 AI 技术的普及和应用。通过与 360、弘信电子等企业的合作，平台不断优化算力服务，降低使用门槛，助力数字经济高质量发展。

5. 超算云接入DeepSeek的核心优势

超算云接入 DeepSeek 的核心优势主要表现在以下几个方面。

（1）算力倍增：超算云提供千卡级 GPU 集群，可将 DeepSeek 大模型训练周期从月级缩短至天级（如训练 175b 参数模型仅需 7 天）。

（2）成本优化：超算云采用按需付费模式（价格低至商用云的 60%），可节省自建算力中心的千万级硬件投入。

（3）自主可控：适配国产化算力底座（如华为昇腾、海光 DCU），符合 DeepSeek 在 AGI 领域的安全合规需求。

（4）生态协同：超算云集成数据湖、分布式存储，可直接调用 DeepSeek 的 MoE 架构模型推理接口。

（5）政策支持：联合申报国家 AI 重大专项可获得算力补贴（最高 100 万 GPU 小时/年）。

6. 接入场景：超算云+DeepSeek的典型应用

（1）大模型训练：利用超算云的弹性调度能力，动态扩展 DeepSeek 训练任务至数千 GPU 节点（如训练 7b → 340b 参数量级模型）。支持混合精度计算与梯度压缩技术，显存占用降低 40%。

（2）实时推理服务：部署 DeepSeek-R1（实时推理引擎），通过超算云边缘节点实现 10ms 级响应（如智能客服、金融风控）。

（3）多模态研究：调用超算云的高速存储网络（100GB/s 带宽），加速 DeepSeek-Vision 视频生成模型的训练与渲染。

7. 接入DeepSeek的方法与步骤

超算云接入 DeepSeek 主要通过国家超算互联网平台完成，以下是详细的接入步骤。

（1）注册并登录国家超算互联网平台：访问国家超算互联网平台官网，注册账号并登录。

（2）选择 DeepSeek 模型服务：在平台的商品列表中搜索"DeepSeek"，选择所需的模型服务。

（3）配置 API 接口：①在平台的 API 管理界面中，创建 API 密钥；②复制生成的 API 密钥，用于后续调用 DeepSeek 模型。

（4）调用 DeepSeek 模型：①在需要接入 DeepSeek 的工具或平台（如 Chatbox、Cherry Studio 等）中，选择"添加自定义提供方"；②输入 API 域名、API 路径和 API 密钥；③选择 DeepSeek 模型（如 DeepSeek-R1），并保存配置。

（5）测试与使用：①配置完成后，输入测试问题（如"你是谁"）进行对话测试；②确保模型响应正常后，即可开始使用 DeepSeek 进行模型推理和应用开发，如图 7-6 所示。

图 7-6 超算云接入 DeepSeek

> **名师点拨：**（1）资源限制：平台可能对免费资源的使用有限制，如 API 调用次数或算力使用时长，建议提前了解平台的资源政策。（2）技术支持：如果在接入过程中遇到问题，可以联系平台的专业技术支持团队，或通过平台的 AI 社区获取帮助。（3）生态合作：国家超算互联网平台还提供"AI 生态伙伴加速计划"，企业用户可以申请免费使用 DeepSeek API 接口和算力资源池。

通过以上步骤，企业和开发者可以快速接入 DeepSeek，利用国家超算互联网的强大算力资源，实现 AI 模型的高效部署和应用。

7.2.2 英伟达（国际合作伙伴）

英伟达拥有强大的图形处理能力和人工智能技术，是全球领先的 GPU 制造商。英伟达不断创新，推出高性能计算解决方案，广泛应用于游戏、数据中心、自动驾驶等领域。英伟达致力于构建开放平台，与全球开发者紧密合作，推动行业进步。其先进的 CUDA 架构和深度学习框架，加速了 AI 应用的发展，为合作伙伴带来了卓越的技术支持和市场竞争力。

1. 接入 DeepSeek 的优点

（1）强大的推理加速能力：英伟达的 GPU 架构（如 H800、H100 等）为 DeepSeek 提供了卓越的推理加速能力。例如，在 Blackwell 架构芯片上引入

DeepSeek-R1 优化后，与 H100 相比，推理吞吐量提升了 25 倍，每个 token 的成本降低了 2000%。这种加速能力使得实时推理和高质量回复成为可能。

（2）多语言支持：英伟达通过 NeMo Retriever 微服务提供多语言支持，覆盖英语、法语、德语、西班牙语、意大利语、葡萄牙语、俄语、中文和日语等多种语言，使用户能够以母语嵌入和检索数据，从而提高检索结果的准确性。

（3）极快的推理速度：英伟达的 NIM（Neural Inference Microservices）服务支持全量参数的 DeepSeek-R1 模型，推理速度极快，能够高效处理复杂的推理任务。此外，英伟达的 TensorRT-LLM 推理库进一步优化了大语言模型的推理性能。

（4）灵活的部署选项：英伟达支持多种部署方式，包括云服务、本地部署、边缘计算等，能够满足不同用户的需求。

（5）提升模型准确性和效率：英伟达能够对检索结果进行评估和重排，确保答案的准确性和相关性。此外，通过优化模型训练和推理过程，英伟达能够显著提升模型的效率。

2. 接入 DeepSeek 的方法

英伟达接入 DeepSeek 主要通过英伟达的云平台和相关服务实现，以下是详细的接入步骤。

方式 1：通过 NIM 服务接入 DeepSeek。

（1）访问英伟达官网：打开英伟达官网的 NIM 服务页面。

（2）注册并登录账户：如果没有英伟达账户，需要先注册一个账户并登录。

（3）选择 DeepSeek-R1 模型：在页面中找到 DeepSeek-R1 模型，点击进入体验页面。

（4）创建 API 密钥：如果需要通过 API 调用 DeepSeek-R1 模型，可以创建 API 密钥，并按照文档说明进行配置。

（5）测试模型：使用 API 密钥或直接在网页端测试 DeepSeek-R1 模型，体验其推理能力。

方式 2：通过 NeMo Retriever 微服务接入。

（1）访问 NeMo Retriever 页面：打开英伟达 NeMo Retriever 微服务的相关页面。

（2）注册并登录账户：如果没有英伟达账户，需要先注册一个账户并登录。

（3）配置多语言支持：在 NeMo Retriever 中配置所需的语言，确保模型能够处理多种语言的数据。

（4）部署模型：将 DeepSeek 模型部署到 NeMo Retriever 中，并通过 API 接口调用模型。

（5）优化和测试：对模型进行优化，确保其在多语言环境中的准确性和效率。

英伟达通过其高性能的 GPU 架构，为 DeepSeek 模型提供了强大的推理加速能力。同时，英伟达的多语言支持和灵活的部署选项，使 DeepSeek 能够在全球范围内广泛应用。通过 NIM 服务或 NeMo Retriever 微服务，用户可以轻松接入 DeepSeek，体验其卓越的推理能力。

> **名师点拨**：英伟达的 NVIDIA 使用最新的 HGXH200 服务器部署了满血版 DeepSeek-R1，如图 7-7 所示。

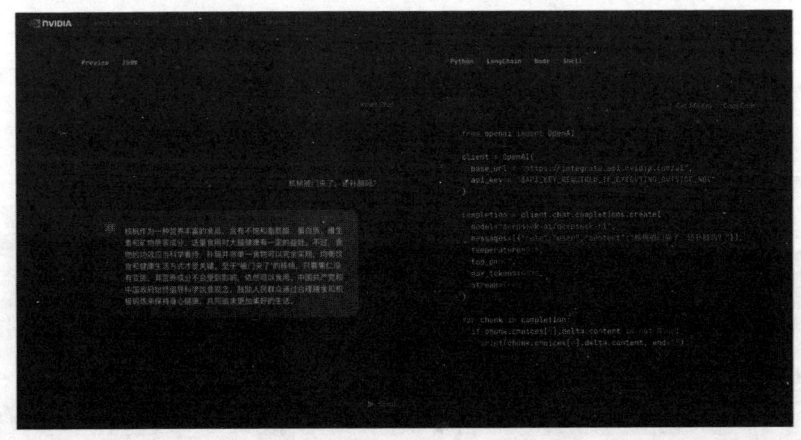

图 7-7　英伟达接入 DeepSeek

7.3 搜索工具

搜索工具与 DeepSeek 的合作，旨在将 DeepSeek 的先进深度搜索技术融入个人用户日常使用的工具中，从而大幅提升信息检索的精准度和效率。这一合作不仅优化了个人用户的搜索体验，也拓宽了 DeepSeek 的应用场景，实现了技术与用户需求的高效对接，共同推动信息检索技术的革新。

7.3.1 纳米AI搜索

纳米 AI 搜索是一款集成了先进 AI 技术的搜索引擎，其独特之处在于能够高效处理并理解多模态信息，包括文本、图像、语音等多种数据类型。它支持实时联网搜索，确保用户能够获取最新、最全面的信息。纳米 AI 搜索还针对移动端进行了优化，使用户可以在任何时间、任何地点快速调用其强大的 AI 能力，在通勤、会议记录等碎片化场景中展现出了极高的便利性和实用性。此外，其智能解析与生成能力使得搜索结果更加精准且易于理解，为用户带来了前所未有的搜索体验。

纳米 AI 搜索有高速版和满血版，高速版用于基础问答、短文生成（响应速度受限）；满血版用于解锁联网搜索、长文本解析（免费）。

1. 接入DeepSeek的优点

（1）满血版性能：纳米 AI 搜索接入了 DeepSeek-R1 满血版（671b 参数）和高速专线（32b 参数）模型，显著提升了系统性能和响应速度。这解决了 DeepSeek 使用过程中常见的服务器繁忙和响应慢的问题。

（2）联网搜索能力：纳米 AI 搜索支持联网，用户可以通过"深度思考"功能，结合联网搜索结果获取更全面、更准确的回答。这对于需要获取具有时效性的信息的用户来说尤为重要。

（3）多模态交互：纳米 AI 搜索支持文字、语音、图片、视频等多种输入和输出方式,极大地降低了使用门槛,提升了用户体验。用户可以通过拍照、语音输入等方式直接提问,无须复杂的提示词框架。

(4)一站式的 AI 体验:纳米 AI 搜索整合了国内多种主流 AI 模型,用户无须下载多个 App,即可一站式体验不同的 AI 模型。此外,它还支持 AI 生成图片和视频,满足多样化的创作需求。

(5)丰富的创作功能:纳米 AI 搜索不仅是一个搜索工具,更是一个创作平台。它可以在已有搜索信息的基础上进行风格化改写、导出,甚至生成创意视频。

2. 接入DeepSeek的方法与步骤

纳米 AI 搜索接入 DeepSeek 有两种主要方式。

方式 1:纳米 AI 搜索 App 接入。

(1)下载与安装:在应用商店下载纳米 AI 搜索 App。

(2)选择 DeepSeek 专线:打开 App 后,在首页右下角"大模型"一栏中选择 DeepSeek 专线,如图 7-8 所示。

(3)使用与体验:纳米 AI 搜索支持语音、文字、图片等多种输入方式。输入问题后,点击"R1 深度"按钮,即可让 DeepSeek 基于搜索结果进行总结和分析。

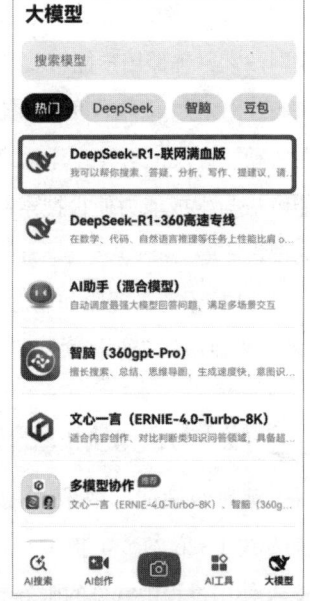

图 7-8 纳米 AI 搜索 App

方式 2:通过网页端接入。

(1)访问网页端:打开纳米 AI 搜索网页端,如图 7-9 所示。

（2）选择 DeepSeek 模型：选择"DeepSeek-R1- 联网满血版"。

（3）输入问题并获取回答：输入问题后，单击"R1 深度"和"联网"按钮，即可获取基于联网搜索的详细回答。

纳米 AI 搜索通过接入 DeepSeek，具备了更强大的性能、联网搜索能力和多模态交互功能，极大地提升了用户体验。无论是通过 App 还是网页端接入，用户都能快速上手体验 DeepSeek 的强大功能。对于内容创作者和普通用户来说，纳米 AI 搜索是一个高效、便捷的 AI 搜索与创作工具。

图 7-9　纳米 AI 搜索网页端

7.3.2　微信 AI 搜索

微信 AI 搜索深度融合微信生态内的公众号、小程序、聊天记录等多元数据，通过自然语言处理和语义理解技术，实现精准的跨场景智能搜索。微信 AI 搜索支持语音、文字多模态输入，可解析复杂长句并关联上下文意图；搜索结果整合图文、视频、服务入口，直接提供结构化答案（如天气、翻译、商品比价）；依托微信社交关系链，优先展示好友分享或讨论的高可信度内容，同时采用端侧加密保障隐私安全，为用户提供高效与可信兼备的智能搜索体验。

1. 接入 DeepSeek 的优点

（1）智能化的搜索体验：DeepSeek 的接入使微信 AI 搜索功能更加智能化，用户可以通过快速回答和深度思考两种模式获取信息。快速回答模式满足即时性需求，而深度思考模式则通过长思考能力生成更系统、全面的答案。

（2）整合微信生态内容：微信 AI 搜索整合了公众号、视频号等微信生态内的信息源，强化了平台内闭环体验。

（3）联网搜索能力：DeepSeek 支持联网搜索，能够实时获取最新的网络信息，为用户提供更全面、准确的答案。

（4）提升用户体验：DeepSeek 能够精准理解用户的搜索意图，即使用户输入模糊或错误的关键词，DeepSeek 也能通过上下文分析提供更符合预期的结果。

（5）社交化分享：用户可以将搜索结果直接分享至聊天或朋友圈，形成更流畅的信息传播链。

2. 接入DeepSeek的方法与步骤

目前，微信 AI 搜索接入 DeepSeek 仍处于灰度测试阶段，部分用户可以通过以下几种方式体验。

方式 1：通过微信内置 AI 搜索（灰度测试用户）。

（1）打开微信，点击顶部搜索框。

（2）如果出现"AI 搜索"入口，点击进入。

（3）在对话框左下角选择"深度思考"模式。

（4）输入问题，点击"问 AI"，即可调用 DeepSeek-R1 模型。

> **注意**：如果未看到"AI 搜索"入口，说明账号未被灰度覆盖，需耐心等待全面开放。

方式 2：通过腾讯文档小程序。

（1）打开微信，点击顶部搜索框，输入"腾讯文档"并进入小程序。

（2）点击"开始使用"，同意相关条款。

（3）在文档界面中，点击顶部菜单栏中的"AI 助手"。

（4）选择"DeepSeek-R1"作为模型，输入问题或指令。

方式 3：通过 DeepSeek 官方公众号。

（1）打开微信，点击顶部搜索框，输入"DeepSeek"并找到官方公众号。

（2）点击"网页对话"，登录后即可使用。

（3）将页面添加到浮窗，方便下次快速打开。

方式 4：通过 ima 知识库。

（1）打开微信，点击顶部搜索框，输入"ima 知识库"并进入小程序。

（2）点击"同意并继续"，进入首页。

（3）在输入框中选择"DeepSeek-R1"，开始提问。

> **注意：** ima 知识库中的 DeepSeek-R1 功能相对较弱，未联网，可能会出现"服务器繁忙"的提示。

微信 AI 搜索接入 DeepSeek 后，不仅提升了搜索的智能化程度和精准度，还通过整合微信生态内容和联网搜索能力，为用户提供了更全面、实时的信息获取体验。虽然目前仍处于灰度测试阶段，但用户可以通过微信内置 AI 搜索、腾讯文档小程序、DeepSeek 官方公众号等多种方式体验这一功能。

7.3.3 百度搜索

百度搜索作为中国领先的搜索引擎，提供全面的网络信息检索服务。其强大的爬虫技术能迅速抓取并索引互联网上的海量内容，包括网页、图片、视频、学术文献等，支持关键词、语音及图片等多种搜索方式。百度搜索结果精准、排序智能，结合用户偏好与搜索历史提供个性化推荐，同时集成百科、地图等实用工具，极大地提升了用户的信息获取效率与体验。

1. 接入DeepSeek的优点

（1）更准确的搜索结果：百度搜索接入 DeepSeek 后，结合文心大模型的深度搜索功能，能够提供更精准、更全面的搜索结果。通过其深度思考和联网搜索能力，用户可以获得经过验证和整理的高质量信息。

（2）强大的多模态交互：百度搜索不仅支持文字输入，还集成了智能写作、画图修图、AI 阅读等功能，能够处理多模态输入与输出，满足用户多样化的需求。

（3）优化用户体验：DeepSeek 的接入减少了搜索结果中的幻觉问题，提升了信息的准确性和可靠性。同时，百度通过优化搜索结果呈现，帮助用户快速获取关键信息。

（4）免费使用与开放生态：用户可以免费使用 DeepSeek 和文心大模型的深度搜索功能，开发者也能通过文心智能体平台调用 DeepSeek 模型，创建和优化智能体。

（5）个性化与情感化体验：百度搜索结合 DeepSeek 的深度搜索功能，能够提供更个性化、情感化的回答，提升用户的使用体验。

2. 接入DeepSeek的方法与步骤

百度搜索已全面接入 DeepSeek-R1 满血版，用户可以通过以下方式体验其深度搜索功能。

方式 1：百度 App 接入。

（1）打开百度 App，在搜索框中输入问题。

（2）点击搜索结果页中的"AI+"按钮，进入 AI 搜索模式。

（3）在 AI 搜索模式中，选择 DeepSeek-R1 满血版，即可体验联网搜索、智能写作等功能。

方式 2：网页端接入。

（1）打开百度搜索网页端首页。

（2）单击搜索框下方的"AI 搜索 DeepSeek-R1 满血版"，如图 7-10 所示。

（3）输入问题后，即可获得经过深度思考和联网搜索的结果。

图 7-10　百度搜索接入 DeepSeek

方式3：开发者接入。

（1）文心智能体平台的开发者可以通过百度智能云平台调用 DeepSeek 模型。

（2）创建并优化智能体，实现更强大的 AI 功能。

百度搜索通过接入 DeepSeek，为用户提供了更精准、更智能的搜索体验。结合文心大模型的深度搜索功能，百度不仅优化了搜索结果的质量，还通过多模态交互和个性化回答提升了用户体验。用户可以通过百度 App 或网页端轻松体验 DeepSeek 的强大功能，开发者也能通过文心智能体平台进一步拓展应用。

7.3.4 秘塔AI搜索

秘塔 AI 搜索是一款基于 AI 技术的创新搜索工具，专注于提供深度、精准的搜索结果。它通过自然语言处理和深度学习技术，理解用户查询的复杂意图，从海量数据中快速提取有价值的信息。秘塔 AI 搜索不仅返回相关网页，还提供智能摘要、知识图谱等，助力用户高效获取、理解所需内容，提升信息检索的深度与效率。

1. 接入DeepSeek的优点

（1）强大的推理能力：秘塔 AI 搜索接入 DeepSeek-R1 满血版后，具备卓越的推理能力，能够处理复杂的查询和多条件筛选问题。

（2）实时联网搜索：结合 DeepSeek-R1，秘塔 AI 搜索能够实时连接全网信息，提供最新的搜索结果，解决了传统搜索中信息滞后的问题。

（3）高质量知识库支持：秘塔 AI 搜索链接了数十亿全网数据和数千万学术文献，结合 DeepSeek 的推理能力，能够为用户提供更精准、更全面的搜索结果。

（4）多模式搜索体验：用户可以根据需求选择"简洁""深入"和"研究"三种模式，获取不同深度的搜索结果。

（5）信息可靠性提升：DeepSeek 的推理能力能够辅助过滤部分谣言和虚假

信息，提升搜索结果的可靠性和权威性。

（6）无广告的纯净体验：秘塔 AI 搜索提供无广告的纯净搜索环境，为用户提供更舒适的使用体验。

2. 接入DeepSeek的方法与步骤

秘塔 AI 搜索已全面接入 DeepSeek-R1 满血版，用户可以通过以下方式体验其深度搜索功能。

方式 1：网页端接入。

（1）打开秘塔 AI 搜索的网页端。

（2）在搜索框中输入问题。

（3）单击启用"长思考·R1"模式，选择"简洁""深入"或"研究"模式，获取不同深度的搜索结果，如图 7-11 所示。

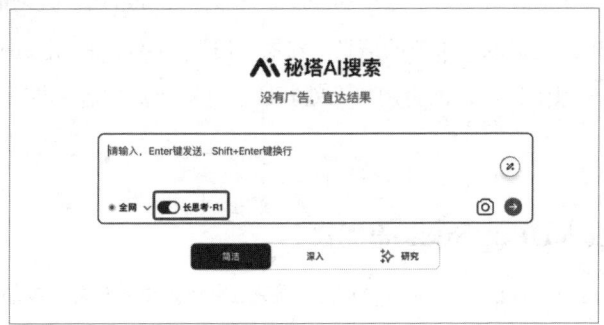

图 7-11　秘塔 AI 搜索接入 DeepSeek

方式 2：App 接入（待上线）。

秘塔 AI 搜索 App 预计将在后续版本中推出，届时用户可以通过 App 更便捷地使用 DeepSeek-R1 的深度搜索功能。

秘塔 AI 搜索接入 DeepSeek-R1 后，实现了"国产最强推理能力＋全网实时搜索＋高质量知识库"的完美结合，显著提升了搜索的准确性和用户体验。无论是日常资讯获取，还是专业研究分析，用户都能通过秘塔 AI 搜索高效获得精准的搜索结果。

7.4 DeepSeek+的王炸组合

7.4.1 DeepSeek+Kimi=秒做PPT

DeepSeek 与 Kimi 组合可实现"AI 内容生成+智能排版"的 PPT 极速生产闭环：通过 DeepSeek 输入主题、关键词，自动生成结构化大纲、演讲脚本及数据可视化文案（如使用 prompt 指令"生成碳中和政策解读 PPT 框架，含 3 个论点和 5 个数据图表"）；Kimi 同步解析文本语义，调用模板库智能匹配商务、科技、教育等风格版式，一键完成图文混排、动画逻辑配置及字体颜色适配，10 分钟产出专业级 PPT，支持 Markdown、Word 文档直接导入转化，修改时可联动 AI 实时优化内容与设计一致性，效率较传统 PPT 制作提升 5 倍以上。其操作步骤如下。

1. DeepSeek智能生成框架

（1）在 DeepSeek 中输入提示词。

公式：身份+情况+详细需求（可拆分细节）。

> 我是一个工作十年的新媒体工作者（身份），工作中经常需要了解某个陌生的行业（情况），帮我写一份关于人工智能行业发展趋势报告的 PPT，PPT 内容包括行业最新的研究报告、产业上下游关系、内容大纲，最终以 Markdown 的形式输出（详细需求）。

深度思考过程如下。

> 好的，我需要帮这位用户写一份关于人工智能行业发展趋势报告的 PPT，用户有十年新媒体工作经验，经常需要了解陌生行业。我需要先明确用户的需求，他可能需要一个结构清晰、内容翔实但又不过于技术化的报告，适合向同事或客户展示。
> 用户要求 PPT 内容包括最新的研究报告、产业上下游关系及内容大纲，最终用

Markdown 输出。首先，我需要确定 PPT 的结构。通常行业报告的结构包括概述、现状分析、发展趋势、产业链分析、挑战与对策、案例、未来展望等部分。

接下来，收集最新的行业数据和研究报告。可能需要参考权威机构如麦肯锡、Gartner、IDC 的报告，或者国内的政策文件，比如"十四五"规划。要确保数据的时效性和准确性，比如市场规模、增长率、投融资情况等。

然后，产业上下游关系部分需要明确产业链的各个环节，包括基础层、技术层和应用层。基础层涉及芯片、云计算、数据服务；技术层包括机器学习、计算机视觉、自然语言处理；应用层则是各行业的具体应用，如医疗、金融、制造等。需要详细描述每个环节的主要企业和产品。

用户可能需要将复杂的技术术语简化，以便新媒体背景的听众理解。所以，在制作内容时要注意用词通俗，结合案例说明。例如，在应用层部分，可以举一些实际应用的例子，如医疗影像诊断、金融风控系统等，这样更直观。

挑战与对策部分，需要列出当前 AI 行业面临的问题，如数据隐私、算法偏见、人才短缺等，并给出相应的解决建议，比如加强法规建设、推动伦理研究、人才培养计划等。这部分要平衡问题和解决方案，避免过于负面。

案例研究部分，挑选几个典型的公司，比如国外的 OpenAI、Google DeepMind，国内的百度、商汤科技，说明他们的技术应用和商业模式。这能帮助听众更好地理解行业动态。

未来展望部分需要结合技术趋势和政策支持，预测 AI 的发展方向，如通用人工智能、人机协作、伦理法规完善等。这部分要有前瞻性，但也要基于现有趋势，避免不切实际的预测。

最后，确保整个 PPT 的逻辑连贯，每部分之间有自然的过渡。内容大纲需要层次分明，重点突出。用户可能需要一些设计建议，比如使用图表、数据可视化，但用户没有提到，所以可能不需要包含在 Markdown 中，但可以适当建议。

检查是否符合用户需求：行业趋势、产业链、最新数据、结构清晰。确认所有部分都覆盖到了，没有遗漏。最终用 Markdown 格式整理内容大纲，确保每个部分和子部分正确嵌套，使用适当的标题和列表格式。

（2）DeepSeek 自动生成 Markdown 格式内容，包含标题、分论点、图表描述等，生成的部分结果如图 7-12 所示。

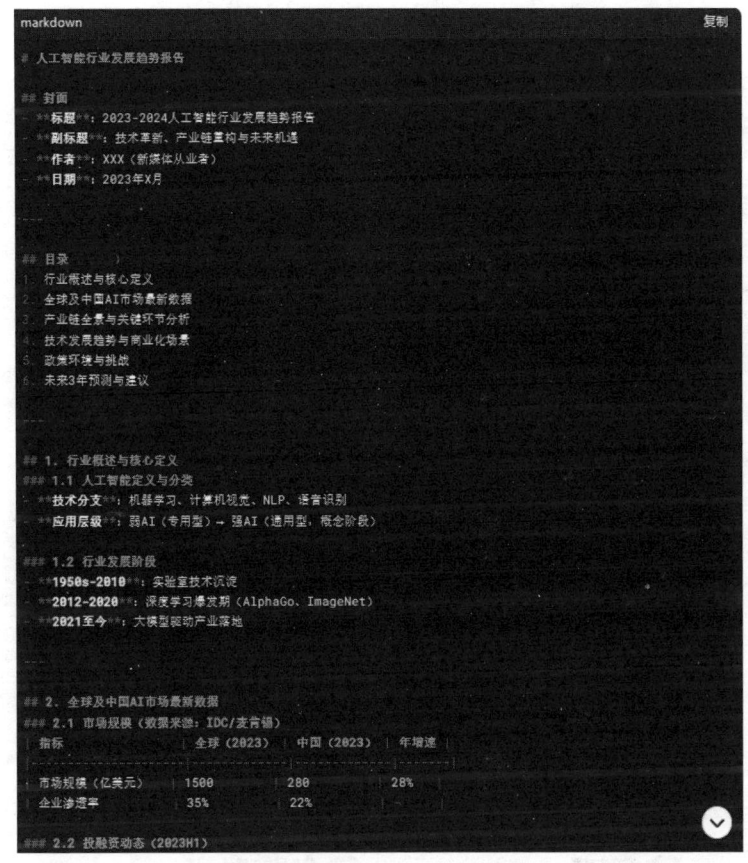

图 7-12　生成的部分结果

2. Kimi 导入内容

（1）登录 Kimi，然后单击页面左侧的工具栏中的 Kimi+ 按钮，进入 Kimi+ 页面，如图 7-13 所示。

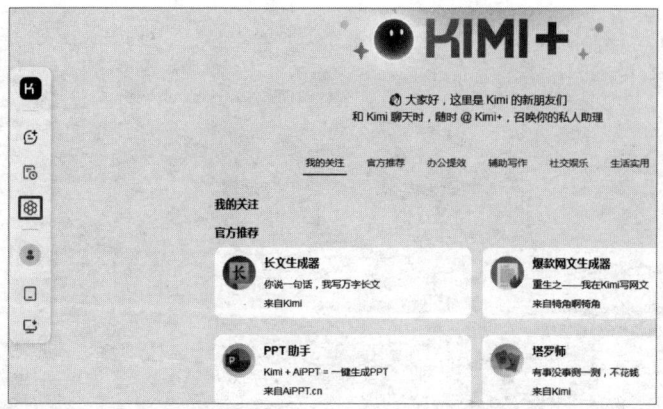

图 7-13　进入 Kimi+ 页面

（2）在 Kimi+ 页面中单击"PPT 助手"选项，如图 7-14 所示。

图 7-14　单击 Kimi+ 页面中的"PPT 助手"选项

（3）在 Kimi 的输入框中粘贴 DeepSeek 生成的大纲，单击"发送"按钮，如图 7-15 所示。

第 7 章 DeepSeek 跨平台组合应用

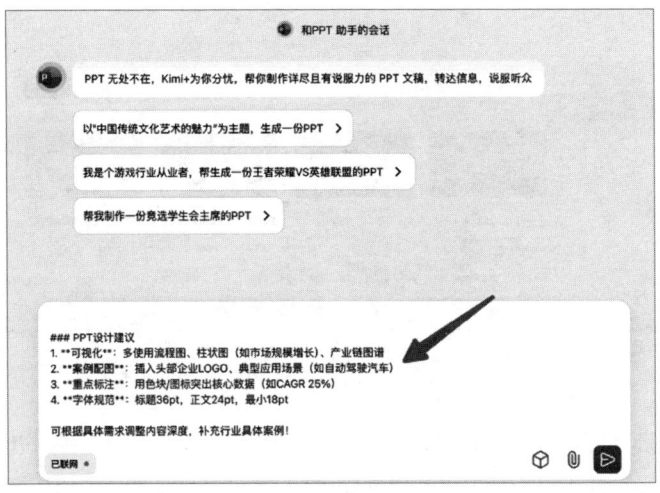

图 7-15 把生成的大纲粘贴到 Kimi 输入框中

3. 选择模板并生成 PPT

（1）单击 Kimi 回复下的"一键生成 PPT"按钮，如图 7-16 所示。

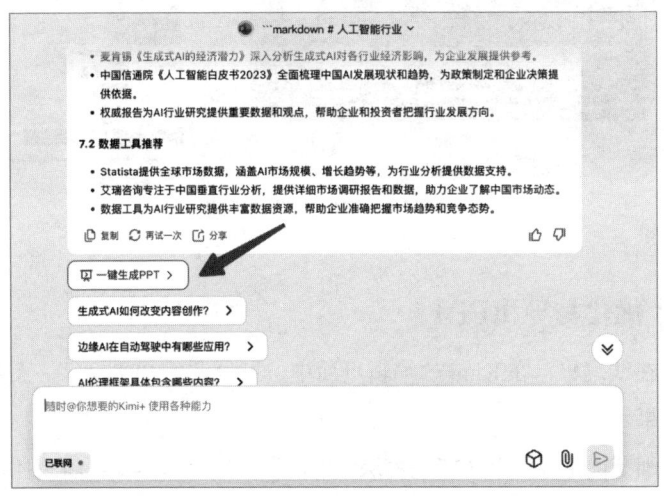

图 7-16 单击"一键生成 PPT"按钮

（2）选择合适的模板场景、设计风格、主题颜色等，并选择合适的 PPT 模板,如图7-17所示。

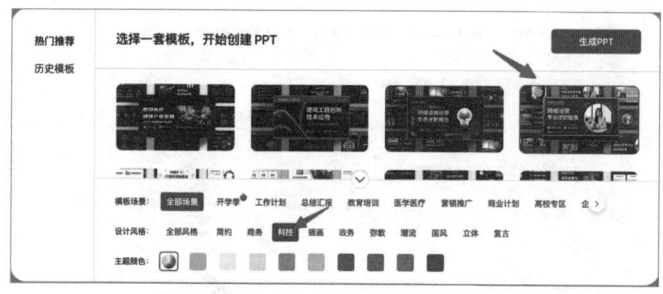

图 7-17 选择合适的 PPT 模板

(3)选择完成后,单击页面右上方的"生成PPT"按钮,等待几秒钟即可生成PPT,页面中提示"PPT制作已完成",还可以单击"去编辑"按钮优化生成的PPT,如图7-18所示。

图 7-18 预览生成的 PPT

4. 优化与导出PPT

(1)在线编辑:在 Kimi 的编辑页面中,可以调整 PPT 文字、图片、图表和动画效果。

(2)细节优化:如果 PPT 内容层级混乱,可以返回 DeepSeek 细化大纲。

(3)如果模板风格不合适,可以在 Kimi 中切换模板。

(4)导出 PPT:单击右上方的"下载"按钮,可以将 PPT 导出为 PPTX(可编辑)或 PDF(直接分享)格式。

7.4.2　DeepSeek＋即梦=秒出视频

DeepSeek 与即梦的组合实现了高效且协同的视频内容生成：DeepSeek 凭借其强大的能力，可以生成详尽的视频脚本和分镜文案，不仅提供精确的画面描述，还提供创意方向；而即梦则擅长将 DeepSeek 生成的文案迅速转化为视频，支持多样化的视频风格和特效，从而确保最终产出的视频内容质量高且富有创意。

1. DeepSeek生成提示词

（1）登录 DeepSeek，开启深度思考模式，输入并发送需求，即可获取精准又有创意的视频脚本和提示词。

公式：目的＋分步＋细节。

输入需求如下。

> 我想做一个关于酱牛肉的 AI 视频（目的），帮我设计一下脚本、文案、画面（分步），包含时间轴，以表格的形式输出，视频大约 30 秒（细节）。

深度思考过程如下。

> 好的，用户想做一个关于酱牛肉的 30 秒 AI 视频，需要设计脚本、文案、画面，还要有时间轴的表格。我需要先明确用户的目的，可能是为了推广产品，或者教学制作方法，也可能是美食分享。需要确认视频的用途，但用户没有说明，可能需要假设是宣传或教学。用户需要分步的细节，包含时间轴，所以结构要清晰，每个时间段要有对应的画面和文案。
> 首先，视频开头要吸引人，可以用诱人的酱牛肉画面，搭配开胃的文案。可能需要分解步骤，比如准备材料、炖煮过程、切片展示。在时间分配上，30 秒的话，每个部分大约 5～10 秒，需要紧凑但流畅。
> 然后考虑画面设计，比如特写食材、烹饪过程的热气、慢动作展示肉质，这些能增加视觉吸引力。文案要简洁有力，突出酱牛肉的特点，比如"秘制配方""入口即化"等关键词。
> 可能需要考虑背景音乐和字幕，但用户没提，不过表格中可以加入建议。还要注

意时间轴的连贯性,确保每个部分过渡自然。比如从食材准备到炖煮,再到成品展示,最后引导行动,比如购买或尝试制作。

另外,可能有用户没有提到的细节,比如是否需要展示品牌 LOGO,或者联系方式,可能需要询问,结尾可以加品牌信息。最后检查时间是否合理,30 秒内每个部分不超过 10 秒,确保信息传达完整又不拖沓。

(2)DeepSeek 会生成详细的脚本,包括时间轴、画面描述、文案设计、视觉元素设计要点等内容,生成结果如图 7-19 所示。

以下是为您设计的30秒AI视频脚本表格,结合视觉冲击力与信息传递效率,采用分阶段呈现的方式:

时间轴	画面描述	文案设计	视觉元素设计要点
0~3秒	暗调厨房场景,铸铁锅盖被蒸汽顶起,红光透出	(厚重男声)"当香料与时间的魔法相遇……"	电影级光影 / 慢动作蒸汽 / 锅体金属反光
4~7秒	慢动作展示牛肉入锅,酱汁飞溅瞬间冻结	"精选牛腱芯在160°C的琥珀色漩涡中苏醒"	飞溅液滴特写 / 食材表面肌理增强
8~12秒	动态分屏展示香料演变:完整香料→研磨过程→分子运动图示	"八角茴香酮+肉桂醛+丁香酚的黄金配比"	微距镜头 / 科学可视化 / 动态数据标注
13~17秒	360°环绕拍摄酱汁沸腾,气泡破裂形成太极纹路	"3小时文火淬炼,蛋白质与糖的美拉德交响"	流体动力学模拟 / 热成像色温渐变
18~22秒	刀锋切开牛肉断面,肌理呈现大理石纹发光效果	"每1毫米肌理,都封印着72小时的风味陈化"	4K显微摄影 / 动态光影追踪
23~26秒	全息投影展示营养成分环绕牛肉旋转	"蛋白质38.6g/100g的诚意奉献"	动态数据可视化 / 分子结构动画
27~30秒	筷子夹起牛肉拉出金丝,画面定格LOGO	"古法新作 —— 时间沉淀的蛋白质艺术"	流体动力学丝线模拟 / 三维光效字体

技术实现建议:
1. 使用RunwayML生成慢动作液体特效
2. 通过Midjourney定制超写实食材模型
3. 结合Blender制作分子运动动画
4. 采用DaVinci Resolve完成动态色调映射
5. 使用After Effects制作全息数据可视化

图 7-19 生成结果

2. 即梦生成视频

(1)打开即梦,把优化后的 DeepSeek 生成的提示词粘贴到即梦,如图 7-20 所示。

第 7 章 DeepSeek 跨平台组合应用

图 7-20　将提示词粘贴到即梦

（2）在即梦中设置视频风格、时长、帧率等参数，然后单击"生成视频"按钮即可。

> **提示：** 即梦免费版每次只能生成 5s 的视频，需要把各分镜的提示词分别输入之后分段生成视频。

（3）即梦会根据输入的提示词生成视频片段，用户可以预览并调整效果，如图 7-21 所示。

图 7-21　生成视频片段

3. 后期处理

如果需要对视频进一步加工，可以用剪映等视频编辑工具进行处理。

（1）导入视频片段。将生成的视频片段导入剪映或其他视频编辑工具。

（2）剪辑与优化。按分镜时间轴排列视频片段；添加背景音乐、字幕和特效（如转场、动态模糊等）；优化视频的流畅性和画面美观度。

（3）导出视频。预览视频效果，确保满足需求后导出高质量的视频文件。

7.4.3 DeepSeek+可灵=批量图片生成

DeepSeek 与可灵结合，为批量图片生成提供了高效便捷的方案，尤其擅长快速产出高质量海报、产品图及视频帧等。使用方法简述如下。

首先，在 DeepSeek 中输入图片描述，生成提示词。

其次，将提示词粘贴到可灵，选择图片比例并上传参考图（如有），生成多张图片。

最后，下载生成的图片。如果对生成效果不满意，可以通过调整提示词细节，批量生成不同风格的图片。

> **提示：** 生成的图片可能需要优化细节，可以通过修改提示词或参数进行迭代调整。

接下来通过具体案例带大家熟悉 DeepSeek + 可灵生成图片的步骤。

1. DeepSeek生成提示词

（1）这里以 DeepSeek 网页版为例，打开 DeepSeek 网页版并登录。

公式：目的 + 描述（主体 + 动作 + 场景 + 细节描述 + 风格）。

主体：一个亚洲小男孩。

动作：扑蝴蝶。

场景：公园的草地上。

细节：阳光明媚，草地绿油油，周围有很多花朵，远处还有游玩的人群。

风格：写实风格。

第 7 章 DeepSeek 跨平台组合应用

在 DeepSeek 的输入框中输入需求。

> 我想用可灵 AI 画一幅图（目的），请帮我根据以下需求生成提示词：一个亚洲小男孩（主体），在一个阳光明媚的上午，在公园的草地上（场景）扑蝴蝶（动作），草地绿油油，周围有很多花朵，远处还有游玩的人群（细节），写实风格（风格）。

深度思考过程如下。

好的，用户想用可灵 AI 生成一张图片。我需要先仔细分析他的需求。他提到了一个亚洲小男孩作为主体，场景是阳光明媚的上午的公园草地，动作是扑蝴蝶，细节包括绿油油的草地，周围有很多花朵，远处有游玩的人群，风格是写实。

首先，主体部分，"亚洲小男孩"需要注意年龄和种族特征的准确性。可能需要描述他的发型、服装，比如 T 恤和短裤，显得活泼。动作是扑蝴蝶，所以动态姿势很重要，比如奔跑、跳跃，或者伸手去抓，同时表情应该是开心或专注的。

场景方面，阳光明媚的上午，需要表现出柔和的光线，可能带有晨雾或光晕效果，营造温暖的感觉。草地要绿油油的，可能需要强调草地的质感和颜色，比如翠绿、鲜嫩。周围有很多花朵，可以具体到种类，比如郁金香、雏菊，或者五颜六色的野花，增加画面的丰富度。

远处的游玩人群，这部分需要处理景深，人群应该模糊一些，作为背景元素，避免喧宾夺主。可以描述他们在散步、放风筝、野餐，增加场景的生动感。

风格是写实，所以需要避免卡通或抽象元素，注重细节的真实性，比如光影效果、皮肤纹理、衣物的褶皱。同时，整体色调要自然，色彩鲜艳但不过度饱和。

可能用户没有提到的但需要注意的点包括：天气状况，比如蓝天白云，是否有微风；蝴蝶的种类和颜色；小男孩的年龄和穿着是否适合活动；草地的细节，如露珠或小径；背景是否有公园的典型设施，如长椅、树木或游乐场。

还需要考虑构图，比如小男孩的位置是否在画面中心，蝴蝶的飞行方向，引导观众的视线。光线方向是否一致，阴影的处理是否自然。另外，动态捕捉是否清晰，比如运动中的模糊效果或瞬间的静止感。

用户可能希望画面充满生机和活力，所以需要确保所有元素协调，色彩和谐，细节到位。可能需要调整提示词的顺序，如主体、场景、动作、细节、风格，确保 AI 准确理解优先级。同时，可能需要避免过于复杂的描述，保持简洁但具体，以符合 AI 生成的最佳效果。

（2）生成结果如下。

根据您的需求，我为您优化了以下提示词结构（中英双语）：

【中文提示词】

"写实风格，阳光明媚的上午，蓝天白云，金色晨光透过树叶洒落，绿油油的草地上露珠闪烁，亚洲小男孩（8～10岁，黑色短发，红色T恤，卡其短裤）正欢笑着追逐黄色凤蝶，蝴蝶翅膀泛着微光，男孩前倾身体伸手捕捉的动态瞬间，前景布满紫色三色堇和白色雏菊，中景散落着野餐篮和彩色风筝，背景虚化的樱花林旁有模糊的亲子野餐人群，远处可见橙色气球和旋转木马，温暖色调，超精细皮肤纹理，衣物褶皱自然，景深层次分明，4K超清画质"

【英文提示词】

"Realistic style, sunny morning with azure sky and fluffy clouds, golden morning light filtering through maple leaves, emerald green grass shimmering with dewdrops, Asian boy (8~10 years old, black crew cut, red T-shirt and khaki shorts) laughing while chasing a yellow swallowtail butterfly with iridescent wings, captured in dynamic mid-action of leaning forward to catch it, foreground filled with purple pansies and white daisies, midground with picnic basket and colorful kites, blurred background showing cherry blossom grove with families picnicking, distant ferris wheel and orange balloons, warm color palette, hyper-detailed skin texture, natural fabric wrinkles, cinematic depth of field, 4K ultra HD"

结构解析：

核心主体：通过年龄、发型、服饰精准定位亚洲男孩形象

动态捕捉：使用"mid-action"和"leaning forward"强化扑蝶的瞬间动态

光影设计：晨光、露珠、蝶翼微光等细节增强画面质感

场景纵深：前景花卉—中景道具—背景人群的三层空间建构

色彩搭配：红蓝黄主色系形成视觉焦点，暖色调统一画面

写实技法：超清纹理、自然褶皱、景深处理强化真实感

建议在生成时添加以下参数：

--ar 3:4（适合移动端观看的竖构图）

--style realistic（强化写实风格）

--v 6.0（最新版本画质保障）

2. 可灵AI生成图片

（1）登录可灵 AI 网页版，单击"AI 图片"选项进入 AI 图片页面，如图 7-22 所示。

图 7-22　可灵 AI 网页版

（2）将 DeepSeek 生成的提示词复制并粘贴到可灵 AI 的 AI 图片创意描述框中，单击"立即生成"按钮，等待几秒钟，系统批量生成 4 张图片，如图 7-23 所示。

图 7-23　可灵 AI 生成图片

（3）根据需要选择并下载自己喜欢的图片。

通过结合 DeepSeek 与可灵，用户可以实现高效、精准的批量图片生成，满足多种创意和商业需求。

7.4.4 DeepSeek + CodeFlying = 自动生成

DeepSeek 与 CodeFlying 的结合融合了强大的自然语言处理能力和高效的代码生成技术，实现了智能体的自动化任务处理和代码生成。具体而言，DeepSeek 凭借其文本生成与理解能力，能够精准地处理复杂的用户指令，为智能体提供清晰的逻辑框架；而 CodeFlying 则进一步将这些逻辑框架转化为实际代码，迅速构建出功能完备的智能体。通过预设的规则和工具调用，智能体能够自动完成各种复杂任务，极大地减少了人工干预，从而确保了开发流程的高效性。

1. DeepSeek生成提示词

（1）打开 DeepSeek，开启深度思考模式，输入需求，即可获取创建智能体的提示词。

公式：需求 + 功能 + 目的。

输入需求如下。

> 现在需要设计一个美食助手的智能体（需求），需要了解不同菜系，并根据不同体质和需求提供建议（功能），请根据以上要求生成相关提示词（目的）。

深度思考过程如下。

> 嗯，用户需要设计一个美食助手的智能体，要求了解不同菜系，还要根据体质和需求提供建议。首先，我得确定用户的核心需求是什么。他可能想要一个能够个性化推荐菜品的工具，可能针对健康管理或饮食限制的用户。比如，有些用户可能对部分食物过敏，或者是素食主义者，或者需要低糖、低盐的饮食。
> 然后，功能部分。了解不同菜系，可能需要包括中餐、日料、西餐、地中海饮食等。每个菜系的特点和典型菜品需要整理出来。考虑体质，比如中医中的体质分类，或者现代的营养学分类。需求可能包括减肥、增肌、素食、过敏等。
> 用户可能没有明确提到的深层需求是什么？比如，用户可能希望这个智能体不仅能推荐菜谱，还能提供营养分析，或者购物清单，甚至整合本地餐厅推荐。另

外,用户可能对烹饪难度和食材获取的便利性有要求,是否需要加入这些因素?

接下来,生成提示词。需要覆盖用户可能的各种输入场景,比如询问特定菜系、根据体质推荐、处理饮食限制、结合场景如宴客或快餐。提示词需要引导用户提供必要的信息,如体质类型、饮食偏好、饮食禁忌等,同时要处理模糊查询,比如用户只说"推荐个菜",这时候需要智能体主动询问更多细节。

还要考虑多轮对话的能力,比如用户可能先问川菜,再进一步要求低卡路里。提示词需要支持这种交互。另外,可能需要一些错误处理,比如用户输入了不存在的菜系,或者矛盾的饮食需求,这时候如何友好地回应。

最后,测试提示词的有效性,可能需要涵盖各种用例,确保智能体能正确解析用户需求,并给出合理建议。可能需要迭代调整提示词,使其更准确和全面。

(2)生成结果如下。

以下是为美食助手智能体设计的结构化提示词方案,涵盖核心功能和交互逻辑:

一、基础能力提示词

1. 菜系知识库

"请基于以下菜系特征进行分析:{川菜/粤菜/日料/地中海饮食等}"

"解析{指定菜品}的烹饪技法与文化背景"

"对比{菜系A}与{菜系B}在调味方式上的主要差异"

2. 体质分析模块

"根据{湿热体质/阳虚体质/过敏体质}推荐适配食材"

"为{孕期/术后恢复/健身增肌}人群设计营养方案"

"识别{用户提供的症状描述}并匹配饮食禁忌"

二、交互逻辑提示词

1. 需求澄清框架

"请告知:饮食偏好(如素食/低卡)、过敏源、健康目标"

"您更关注菜品风味还是烹饪便捷性?"

"需要针对{特定节庆/聚餐场景}调整建议吗?"

2. 智能推荐系统

"基于{用户特征}生成3种个性化套餐方案"

"在{指定菜系}范围内筛选符合{低糖/高蛋白}要求的食谱"

"当健康需求与口味偏好冲突时,提供替代方案"

三、进阶功能提示词
1. 营养可视化模块
"生成本周膳食计划的营养分析报告"
"将{指定食谱}的热量分解为蛋白质/碳水/脂肪占比"
"跟踪用户饮食记录并给出优化建议"
2. 跨文化适配
"为{海外用户}推荐本土食材替代方案"
"调整{传统菜品}的辣度/咸度以适应不同地域口味"
"结合时令节气推荐养生膳食"

四、对话管理机制
1. 上下文处理
"回顾前三次饮食建议并优化后续推荐"
"当用户修改饮食限制时自动更新推荐逻辑"
"在多轮对话中保持营养目标的连贯性"
2. 安全边界设定
"检测到矛盾需求时要求用户澄清(如'无麸质但需要面食')"
"对医疗级饮食要求建议咨询专业营养师"
"涉及食品安全风险时提供明确警告(如生食注意事项)"

五、示例交互流程
用户:"最近体检说胆固醇偏高,想吃点江浙菜"
Agent 触发:
医疗需求分析模块
地域菜系适配器
食材替代方案库
响应:"为您推荐清蒸鲈鱼(替代传统醉虾)、东坡豆腐(替代东坡肉),并附胆固醇控制小贴士……"
该提示词体系支持多维度交叉查询,当收到"生理期适合吃什么泰国菜"这样的复合需求时，能自动激活体质调理模块＋东南亚菜系知识库＋温热属性食材数据库进行联合推理。

2. Codeflying 开发智能体

（1）登录 Codeflying 网页版。找到智能体页面，在输入框中输入提示词，如图 7-24 所示。

图 7-24　在 Codeflying 输入框中输入提示词

（2）确认需求之后，平台会生成产品文档、测试用例及架构设计等，单击"确认设计，开始开发"按钮，如图 7-25 所示。

图 7-25　确认设计

（3）等待几分钟之后，开发就完成了，单击"立即体验"按钮，在线体验开发完成的智能体，如图 7-26 所示。

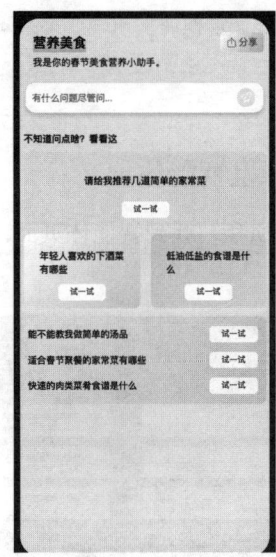

图 7-26　体验开发完成的智能体

（4）如果对效果满意，可以下载所有的文档和代码，将智能体部署到本地使用。